重读
《中国革命战争的战略问题》

杨信礼 ◎著

人民出版社

目 录

绪 论 《中国革命战争的战略问题》写作的背景
　　　 与目的 ……………………………………（1）
一、由国内革命战争向抗日民族战争转变的重
　　大历史关头 ………………………………（2）
二、总结土地革命战争经验，批判"左"倾教条
　　主义军事路线 ……………………………（8）
三、为中国共产党领导抗日战争制定正确战略
　　提供科学方法 ……………………………（15）

第一章　一般与特殊：研究战争要着眼其特点和发展 …（18）
一、战争规律是一般性与特殊性的统一 ………（18）
二、研究战争规律要着眼于战争的特点 ………（23）
三、研究战争规律要着眼于战争的发展 ………（28）

第二章　全局与局部：研究战争全局把握战争规律 ……（34）
一、战略研究要把握带全局性的战争指导规律 ……（34）
二、要把注意力的重心摆在照顾战争的全局
　　上面 ………………………………………（38）

三、抓住对全局最重要最有决定意义的问题或
　　动作 …………………………………………（44）
四、拓宽战略视野，知彼知己，百战不殆 ………（50）
五、抓住重大战略机遇，争取战略主动权 ………（55）
六、学习战争全局的指导规律要用心想一想 ……（57）

第三章　过程与阶段：预见战争进程、谋划战略步骤 ……（60）
一、指导战争要观照好过程的各个阶段 …………（60）
二、指导战争要有前瞻思维和战略远见 …………（66）
三、指导战争要抓住战争过程的关键环节 ………（70）

**第四章　主观与客观：指导战争要使主观与客观相
　　　　符合** ………………………………………………（79）
一、战争规律的客观性与可知性 …………………（79）
二、关键在于把主观和客观好好符合起来 ………（84）
三、在实践基础上实现主观与客观相符合 ………（88）
四、从战争中学习战争是认识战争规律的主要
　　方法 …………………………………………（94）

**第五章　具体分析具体情况：中国革命战争的特点
　　　　与战略战术** ………………………………………（99）
一、中国共产党是中国革命战争的领导者 ………（100）
二、科学分析中国革命战争的基本特点 …………（103）
三、中国革命战争的根本规律和指导规律 ………（114）

目　录

第六章　战略防御：中国革命战争的主要形式 ……（118）
一、积极防御是为反攻和进攻而进行的防御 ……（119）
二、做好反"围剿"准备是防御作战的必要前提 …（126）
三、战略退却是防御作战的重要步骤 ……（129）
四、战略反攻是防御作战的最后阶段 ……（139）
五、战略进攻是对敌进行全面进攻与战略决战 …（156）

第七章　《中国革命战争的战略问题》的历史地位与当代价值 ……（164）
一、深刻总结概括提炼了中国共产党领导土地革命战争的历史经验 ……（164）
二、为中国共产党领导革命战争制定了正确的军事路线与战略战术 ……（167）
三、为系统建构中国共产党人的世界观和方法论作了重要理论准备 ……（169）
四、为在新时代坚持和发展中国特色社会主义提供了重要方法论启示 ……（177）

绪 论 《中国革命战争的战略问题》写作的背景与目的

在由土地革命战争向全民族抗日战争转变的重大历史关头，为了深刻总结中国共产党领导武装斗争和土地革命战争的历史经验，深刻批判"左"倾教条主义的军事路线，系统制定指导中国革命战争的正确的军事路线和军事战略，为中国共产党研究和指导即将到来的全民族抗日战争提供科学的世界观和方法论，毛泽东于1936年12月写了《中国革命战争的战略问题》。《中国革命战争的战略问题》一文的诞生，标志着中国共产党领导中国革命战争的军事路线和军事战略的系统化理论化；标志着中国共产党高度重视马克思主义哲学的学习、研究与运用，在解决党的军事路线和军事战略问题的同时，着力解决党的世界观方法论问题与思想路线问题。

一、由国内革命战争向抗日民族战争转变的重大历史关头

中国共产党自诞生之日起，就肩负起为中国人民谋幸福、为中华民族谋复兴的重大历史使命，领导人民进行波澜壮阔、可歌可泣的反帝反封建的伟大斗争，对内反对封建统治和阶级压迫，对外反对列强侵凌和瓜分掠夺。在第一次国内革命战争和第二次国内革命战争时期，主要是开展工农民主运动和土地革命战争，同封建地主阶级和军阀统治、同以蒋介石为代表的国民党反动派作斗争。在第二次国内革命战争中，随着日本帝国主义加紧对中国的侵略，中华民族与日本帝国主义的矛盾成为主要矛盾，中国革命的时局发生重大转化，中国社会处于由国内革命战争向抗日民族战争转变的重大历史关头。

日本帝国主义长期以来推行对华侵略政策，企图将中国变为其独占的殖民地。早在清朝末年，日本就通过发动甲午战争和在中国东北进行的日俄战争，迫使清政府签订不平等条约，侵占中国台湾，将中国东北的南部地区强行划为自己的势力范围，对东北进行政治、军事控制和经济掠夺。1929年爆发的世界性经济危机，使帝国主义国家之间、帝国主义国家与殖民地半殖民地国家之间以及资本主义国家内部工人阶级与资本家之间的矛盾空前激化和尖锐。日本受这次经济危机的严重冲击，国内阶级矛盾也日益激化。日本统治集团为了缓和国内阶级矛盾，摆脱经济危机带来的困境，急于发动侵略中国的战争，并精心策划、加紧部署武装侵略中国。1931年9月18

绪　论　《中国革命战争的战略问题》写作的背景与目的

日，日本驻中国东北的侵略军炸毁沈阳北郊柳条湖附近南满铁路的一段路轨，反诬是中国军队所为，并以此为借口，突然袭击中国军队驻地北大营和沈阳城。9月19日晨，日军侵占沈阳。此后进攻并占领辽宁、吉林、黑龙江各地。到1932年2月，整个东北沦为日本的占领地。日本帝国主义侵占中国东北三省之后，又在上海发动侵略战争，于1932年1月28日进攻上海闸北区。在广大人民群众的有力支援下，蔡廷锴、蒋光鼐率领的第十九路军以及随后参战的第五军顽强战斗，坚持抵抗月余，取得重大战果。

　　日本帝国主义在巩固和加强对中国东北统治的同时，进而将侵略战争的矛头指向中国的华北。1933年1月初，日本攻占华北与东北的交通咽喉山海关。2月下旬，日军与伪军10万余人向热河进犯。3月初，热河沦陷。日本占领热河后，迅即南下进攻长城线上的军事要隘喜峰口、冷口、古北口。在侵占长城各口之后，一面侵占察哈尔省东部的多伦、张北等七县，一面南进侵占河北的密云、平谷等地。已经侵占冀东的日军渡滦河西进，到5月下旬占领了唐山、玉田、三河、香河等县，直逼通县，形成包围平津之势。日本军部对华北国民党当局采取"以迫和为主、内变策应为从"的方针，国民党政府也急于同日本妥协。5月31日，国民党政府军事委员会北平分会总参议熊斌与日本关东军副参谋长冈村宁次签订《塘沽协定》，规定中国军队一律迅速撤退到延庆、昌平、顺义、通县、香河、宝坻、宁河、芦台一线以西、以南地区，不得作一切挑战扰乱行为。这个协定实际上承认了日本对东北三省和热河省的占领，并使中国整个华北地区门户大开，为日本帝国主义进一步扩大侵略提供了条件。《塘沽协定》签订后，日本军部确定和推行使华北特殊化的侵略扩张政策。1935年1月，关东军制造察东事件，迫使国民党第二十九军撤出察哈尔东部。1935年5月，日军制造河北事件，出动坦克、装甲车、炮队到河北省政府示威，关东军则集结于山海关、古北口待命，提出日本对华北拥有实际统治权的无理要求。6月9日，日本华北驻屯军司令官梅津美治郎向主持国民党政府军事委员会北平分会的何应钦提交"备忘录"，要求取消河北省和北平、天津两市的国民党党部，撤退驻河北省的国民党中央军、东北军和宪兵第三团，撤换河北省主席和北平、天津两市市长，撤销北平军分会政治训练处，禁止全国抗日活动，并限期实行。继河北事件后，日本关东军又在察哈尔制造张北事件，借口其人员受到中国军队盘查，向察哈尔省代主席秦德纯提出无理要求，迫使国民党当局从察哈尔省撤退中国驻军和国民党党部，解散抗日机关和团体，"招聘"日本人为军事与政治顾问。为了使华北五省（河北、山东、山西、察哈尔、绥远）二市（北平、天津）脱离中国而"独立"，大力收买汉奸，推行"防共自治运动"，扶植汉奸殷汝耕在河北通县成立"冀东防共自治政府"，控制冀东22县。日本还以中日"经济提携"的幌子，加紧对华北进行经济掠夺，控制了华北的铁、煤、盐等军需物资以及交通、电力设施。通过华北事变，日本控制了华北大部分地区。日本侵略中国的九一八事变、一·二八事变以及华北事变，使中国的政治形势发生了深刻的变化。日本企图用武力征服中国，变中国为它独占的殖民地，成为中华民族最凶恶的首要的敌人，中华民族陷入空前的民族危机，中华民族与日本帝国主义的矛盾成为主要矛盾，反对日本帝国主义侵略的民族革命斗争成为中国人民的主要斗争。面对亡国灭种的深重危机，一切不愿意做亡国奴的阶级、阶层都有可能加入到这一斗争中来，民族革命的阵营将空前扩大，中国将进入全民族抗战的新阶段。

面对日本帝国主义的侵略，以蒋介石为首的国民党政府以"攘外必先安内，统一方能御侮"为由，采取不抵抗主义政策，一方面"围剿"工农红军，镇压抗日爱国力量，排除内部异己力量；另一方面，对于日本帝国主义妥协退让，致使大片国土沦陷，助长了日本帝国主义加快侵略中国的气焰。在民族危机日益严重的形势下，中国共产党高高举起了抗日救国的伟大旗帜。九一八事变后，中国共产党和中华苏维埃共和国临时中央政府多次发表宣言、作出决议，号召工农红军和被压迫民众以民族革命战争驱逐日本帝国主义出中国。1933年1月17日，发表了中共驻共产国际代表团根据共产国际执委会第十二次全会精神和中共代表团讨论的意见，以中华苏维埃共和国中央执行委员会主席毛泽东，副主席项英、张国焘和中国工农红军革命军事委员会主席朱德名义起草的宣言，首次提出中国工农红军准备在立即停止进攻苏维埃区域、立即保证民众的民主权利以及立即武装民众创立武装的义勇军、以保卫中国及争取中国的独立统一与领土完整三个条件下，同任何武装部队订立共同对日作战的协定。根据华北事变以来日益加深的民族危机和不断高涨的抗日爱国运动，1935年8月1日，中共驻共产国际代表团草拟了《中国苏维埃政府、中国共产党中央为抗日救国告全体同胞书》（即《八一宣言》），并于同年10

月1日以中华苏维埃共和国中央政府和中国共产党中央委员会的名义正式发表。《八一宣言》分析由于日本侵略和蒋介石的不抵抗政策造成的严峻形势，揭露日本加紧侵吞华北和国民党政府对日妥协的真面目，指出中华民族处于生死存亡的关头，抗日救国是全体中国人的首要任务，号召建立和扩大抗日民族统一战线，停止内战，集中一切国力为抗日而斗争，提出了抗日救国十大纲领，号召全体同胞为祖国生命、民族生存、国家独立、领土完整、人权自由而战。

中央红军长征到达陕北不久，中共中央于1935年11月13日发布《为日本帝国主义并吞华北及蒋介石出卖华北出卖中国宣言》，指出在亡国灭种的紧急关头，我们的出路，只有坚决武装起来，开展反对日本帝国主义的民族革命战争与打倒卖国贼首蒋介石国民党的革命战争，并表示中国工农红军愿同一切抗日反蒋的中国人民与武装部队联合起来，共同反对日本帝国主义。同年11月28日，中共中央以中华苏维埃共和国中央政府主席毛泽东、中国工农红军革命军事委员会主席朱德的名义，发表了与《八一宣言》内容基本相同的《中华苏维埃共和国中央政府、中国工农红军革命军事委员会抗日救国宣言》，有力地推动了全国的抗日救亡运动。

面对从土地革命战争向民族革命战争转变、抗日救亡运动日益高涨的新的形势，迫切需要科学判断时局变化，适时实现革命中心转移，系统制定党的政治路线和军事路线，以指导即将到来的全民族抗日战争。1935年12月17日至25日，中共中央在陕西安定县（今子长县）瓦窑堡召开政治局会议，分析研究全国政治形势与党的政治路线和军事战略问题，张闻天作了关于政治形势策略问题的报告，毛泽东作了关于军事战略问题的报告。会议讨论通过了《关于目前政治形势与党的任务的决议》。根据会议精神，毛泽东于1935年12月27日在党的活动分子会议上作了题为《论反对日本帝国主义的策略》的报告。瓦窑堡会议决议和毛泽东的报告，科学分析政治形势，准确判断时局变化，深刻指出日本帝国主义疯狂侵略中国，试图并吞中国、将中国变为其独占的殖民地，使中华民族与日本帝国主义的民族矛盾成为主要矛盾，中国社会的阶级关系发生重大变化，一切不愿意当亡国奴、不愿意当汉奸的中国人的唯一出路，就是团结起来，向着日本帝国主义及其走狗汉奸卖国贼展开神圣的民族战争。值此重大历史关头，党的政治路线，就是坚决抛弃"左"倾关门主义，发动、团结、组织全中国全民族一切革命力量，结成最广泛的反日民族统一战线，反对日本帝国主义这一当前主要的敌人。同时，要记取历史上曾经发生的在实行统一战线时的右倾错误的教训，指出共产党和红军不仅要充当抗日民族统一战线的发起人，而且应当成为坚强的台柱子；在抗日民族统一战线内部，既要团结一切抗日力量，又要坚决而不动摇地同一切动摇、妥协、投降和叛变的倾向作斗争，以自己彻底的反对日本帝国主义和反对汉奸卖国贼的言论和行动，去取得抗日民族统一战线的领导权。瓦窑堡会议及其通过的决议和毛泽东会后作的报告，确立了中国共产党建立抗日民族统一战线的理论、路线与政策，摒弃了"左"的关门主义的政治路线，制定了倡导和建立最广泛的抗日民族统一战线的政治路线，使中国共产党牢牢把握住了提高党的政治影响力、确立党在抗日民族统一战线中的领导地位、成为伟大的反对日本帝国主义的民族解放战争的领导者与中流砥柱的政治主动权。

进行反对日本帝国主义的民族革命战争，不仅要制定和坚持一条正确的政治路线，还必须制定和坚持一条正确的军事路线。瓦窑堡会议后，中国共产党为促进和迎接全国的抗日高潮，促进和实现与国民党第二次合作，为实现全民族抗战作出了巨大的努力，进行了不懈的斗争。在着力解决政治路线问题、促进和争取建立全民族抗日统一战线的同时，党和毛泽东同志根据即将到来的全民族抗战的需要，总结党领导军事斗争的经验，批判"左"的教条主义军事路线，加强马克思主义军事理论建设，制定凝结中国革命战争经验、具有时代特点、符合民族革命战争需要的中国化的马克思主义军事路线和中国革命战争的战略策略。1936年12月，毛泽东撰写了《中国革命战争的战略问题》，系统总结党领导第二次国内革命战争的经验，总结第五次反"围剿"失败的教训，深刻批判"左"的教条主义军事路线及其思想理论根源，解决了党的军事路线以及中国革命战争的战略策略问题，为即将到来的伟大的抗日战争做了重要的军事理论准备，成为此后在《抗日游击战争的战略问题》《论持久战》等著作中提出的抗日战争的战略战术思想的奠基之作。

二、总结土地革命战争经验，批判"左"倾教条主义军事路线

中国共产党成立之初，就根据马克思主义关于阶级斗争和

社会革命的学说，主张以无产阶级革命军队推翻资产阶级，由劳动阶级重建国家。若没有强有力的革命力量，就不能战胜反动统治者，建立人民当家作主的政权。1925年10月，中共第四届中央执行委员会第二次扩大会议总结五卅运动中工人群众遭受军阀武力摧残的沉痛教训，提出要"有组织的去预备武装工人阶级中最勇敢忠实的分子"，"中央委员会之下必须设立军事委员会"，① 建立军事工作系统，开始党的军事建设。在第一次国共合作中，参加创办黄埔军校，派出干部参加和领导北伐军的政治工作。在第一次国内革命战争中，党的一项重要军事活动是准备军事人才，发展工农武装，参加武装斗争。但总的来说，我们党对于军队建设和武装斗争的理论准备不足，缺乏革命斗争实践经验，对于坚持党对军队的绝对领导缺乏深刻的认识，没有在开展军队政治工作的同时把握对于军队和武装斗争的领导权。1927年，以蒋介石为代表的国民党反动派发动反革命政变，大革命失败。为了推翻国民党反动派的统治，党的八七会议确定了进行土地革命和武装反抗国民党反动派的总方针，在此前后发动和领导了南昌起义以及秋收起义、广州起义和其他地方的起义，开始独立领导中国革命战争和创建党直接领导的人民军队，中国革命进入了新的时期。经过艰难探索，克服了党内的盲动主义、冒险主义和教条主义的错误，开辟了一条农村包围城市、武装夺取政权的中国革命的独特道路，并在反对国民党反动派发动的五次"围剿"中，

---

① 《建党以来重要文献选编（1921—1949）》第二册，中央文献出版社2011年版，第519页。

积累了正反两方面的经验，逐步形成了中国革命战争的正确理论与战略。

在土地革命战争初期，由于红军人数少、装备差、力量弱，为了保存和发展自己，只能进行游击战。经过艰苦的游击战争，红军与根据地得到了发展壮大。到了1930年夏，主力红军发展到7万人，地方武装近3万人，创建了分布于11个省的10多个根据地。各根据地普遍建立了党的组织和苏维埃政权，组建了革命武装，土地革命深入发展。党在国民党统治区的工作也有了相当的恢复和发展。党在全国人民中的政治影响显著提高和日益扩大，许多地方的工人运动、农民运动、士兵运动、学生运动日趋活跃。而国民党方面军阀连年混战，使反动势力大为削弱，从而减轻了对各根据地红军的压力，造成了革命战争发展的时机。根据变化了的客观条件和逐步成熟的主观条件，为了求得红军和根据地的发展，中国共产党在同右倾保守思想和"左"倾冒险主义的斗争中，领导红军开始由游击战向带有游击性质的运动战转变，为打破敌人的"围剿"，促进和保卫红军和根据地的发展，创造了有利的条件。

我们党领导的红军和创建的根据地，一开始就在敌人的包围之中，并经常受到敌人的"围剿"。随着工农红军和根据地的发展壮大，也由于李立三的"左"倾冒险主义过高估计红军的力量和全国革命形势，命令红军攻打中心城市，引起了国民党反动派的震动和恐惧。在1930年蒋介石与冯玉祥、阎锡山进行的中原大战以冯、阎的失败而告结束以后，蒋介石迅即将主要兵力对中国共产党领导的红军和根据地进行大规模"围剿"，并且重点对红一方面军和中央根据地进行"围剿"。在红军三次反"围剿"期间,"左"倾教条主义和军事冒险主义在党中央已占据了统治地位,使根据地建设和红军作战受到了一定的干扰和影响。但"左"倾教条主义和军事冒险主义还没能在组织上直接控制全国的红军,还没能提出一条系统的"左"倾军事路线并贯彻于红军作战之中,其错误的主张和指示也受到了各根据地党的组织和红军的抵制。在毛泽东、朱德指挥下,红一方面军采取诱敌深入的战略方针,集中优势兵力,先打弱敌,各个击破,粉碎了敌人的第一、二、三次"围剿"。各根据地的红军在党的领导和群众支持下英勇战斗,除了个别根据地外,都取得了三次反"围剿"的胜利。三次反"围剿"的胜利,使根据地由小变大,红军从小的游击队发展为大的游击兵团,从初期朴素的游击战发展为带有游击性的运动战,逐步形成了一套以运动战为主要作战形式的作战原则。毛泽东在《中国革命战争的战略问题》中说,"到了江西根据地第一次反'围剿'时,'诱敌深入'的方针提出来了,而且应用成功了。等到战胜敌人的第三次'围剿',于是全部红军作战的原则就形成了。这时是军事原则的新发展阶段,内容大大丰富起来,形式也有了许多改变"①。

然而,"左"倾教条主义和军事冒险主义者在政治上推行"左"的政治路线和政策,在军事上推行冒险主义的军事战略,搞进攻时的冒险主义、防御时的保守主义和退却时的逃跑主义,使第三次反"围剿"胜利后出现的大好形势走向反面,造成了湘鄂西、鄂豫皖根据地第四次反"围剿"失败和中央

---

① 《毛泽东选集》第一卷,人民出版社1991年版,第204页。

根据地第五次反"围剿"失败。1932年6月，蒋介石调集50万人的兵力，分左、中、右三路对我湘鄂西、鄂豫皖根据地发动第四次"围剿"。同年7月，敌左路军10万人采取"步步为营、稳打稳进、逐步清剿"的作战方针，发动对湘鄂西根据地的第四次"围剿"。湘鄂西中央分局始之推行军事冒险主义，继之实行单纯防御，给敌人造成了各个击破的机会。在遭受严重损失后，湘鄂西红军被迫突围转移，洪湖根据地全部丧失。蒋介石在组织左路军"围剿"湘鄂西根据地的同时，在1932年6月集中30余万人，采取"纵深配备、并列推进、步步为营、边进边剿"的作战方针，对鄂豫皖根据地发动第四次"围剿"。鄂豫皖中央分局盲目轻敌，推行军事冒险主义，实行"坚决进攻"战略，把夺取中心城市、完成一省或数省首先胜利作为行动方针，使红军遭受重大伤亡，被迫向皖西转移，最后不得不离开根据地向外线转移。10月中旬，红四方面军主力越过平汉线向西转移，鄂豫皖根据地第四次反"围剿"失败。国民党反动派对湘鄂西、鄂豫皖发动的第四次"围剿"结束后，又调集近50万人的兵力，采取"分进合击"的方针，对中央根据地发动第四次"围剿"。当时，敌人在南丰坚固设防，蒋介石以12个师的优势兵力，企图在这个地区同红军主力决战。但执行"左"倾教条主义和军事冒险主义的中央和苏区中央局，主张先发制人，强令红军进攻敌人设防坚固的南丰。在红军进攻南丰不克的情况下，红一方面军总政委周恩来、总司令朱德根据前三次反"围剿"的成功经验，毅然决定撤围南丰，实行战略退却，采取诱敌深入方针，转被动为主动。红军以少数兵力钳制多路进攻之敌，集中主力进行

绪　论　《中国革命战争的战略问题》写作的背景与目的

大兵团伏击，歼击敌之一路，经过黄陂之战与草台岗之战，粉碎了敌人第四次"围剿"。

国民党反动派在对中央根据地的第四次"围剿"失败后，继续实行"攘外必先安内"的卖国内战政策，调集 100 万人兵力，向我各革命根据地发动规模空前的第五次"围剿"，而直接用于进攻中央根据地的兵力就有 50 多万人。敌人在这次"围剿"中采取"三分军事、七分政治"的方针，在军事上采取持久战和堡垒战，依托堡垒逐步推进，压缩我根据地，最后与我红军决战，以消灭红军，摧毁我中央根据地。这时中央根据地的红军已扩大到 8 万余人，群众武装也有了很大发展，根据地更加巩固，军民斗志旺盛，同时又有反"围剿"胜利的成功经验。国民党各派军阀之间也矛盾重重，可为我所用。如果有正确的军事路线和军事战略，打破敌人第五次"围剿"是可能的。但这时已搬到中央根据地的中央极力推行军事冒险主义，继续实行"进攻路线"，当敌人准备进行大规模"围剿"时，却不做反"围剿"准备，将红一方面军主力分离作战，两个拳头打人，以红一军团为主组成中央军，在抚河流域牵制敌人，破坏敌人作战计划；以红三军团为主组成东方军入闽作战，这就使红军在敌人的"围剿"面前处于仓促应战的不利境地。1933 年 9 月，敌人的"围剿"开始。执行"左"倾教条主义和军事冒险主义的中央拒绝采取诱敌深入方针，提出"御敌于国门之外"，要求红军在苏区外战胜敌人，并争取苏维埃在全国的胜利。在军事冒险主义碰壁之后，又转而采取军事保守主义，消极防御，处处设防，节节抵御，企图以阵地防御结合短促突击，迟滞敌人进攻，不敢实行向敌人后方无堡垒地区作战的方针。1934年1月召开的中共六届五中全会，错误地断定第五次反"围剿"是"争取苏维埃中国完全胜利的斗争"①，主张以主力对主力、持久对持久、堡垒对堡垒，不让敌人侵占寸土。结果使红军遭受巨大损失，根据地日益缩小。在军事保守主义破产后，"左"倾教条主义者被敌人所吓倒，没有勇气突破敌人围攻，向广大无堡垒地区进行战略进攻，而是实行逃跑主义，消极避战，在红军主力尚未做好准备的情况下，仓促下令退出中央根据地，第五次反"围剿"失败，中央红军被迫长征。"左"倾教条主义和军事冒险主义在第五次反"围剿"中不承认敌强我弱的客观事实，要求实行阵地战和单纯依靠主力红军的正规战，否认游击战和带游击性质的运动战，始之实行进攻中的冒险主义，继之实行防御中的保守主义，最后实行退却中的逃跑主义，最终导致了第五次反"围剿"的失败。

1935年1月15日至17日，党中央在遵义召开政治局扩大会议，批判教条主义军事路线，总结第五次反"围剿"的经验教训，重新肯定了以毛泽东同志为代表的正确的军事路线与作战原则。2月8日，中共中央政治局会议通过了由张闻天受遵义会议委托起草的《中共中央关于反对敌人五次"围剿"的总结的决议》。1935年12月17日至25日，党中央在瓦窑堡召开政治局会议，在批判"左"的教条主义的政治路线的同时，批判"左"的教条主义的军事路线，在《中央关于军

---

① 《建党以来重要文献选编（1921—1949）》第十一册，中央文献出版社2011年版，第42页。

事战略问题的决议》中,强调红军作战应遵循的基本原则,是在战略防御时,要反对单纯防御,执行积极防御;反对先发制人,执行后发制人(一般的)。后发制人即诱敌深入。战略进攻时,既要为扩大战果,夺取先机而奋斗,又要反对冒险主义和冒进政策;不论防御或进攻,基本的是打游击战,主力红军大踏步的进退是不可避免的、需要的,反对只打不走、不让寸土的阵地战;要集中兵力于主要方向,实行战略上的一个拳头打人,反对两个拳头打人,反对战略的以及一般战役的击溃战和拼消耗,实行战略内线中的战役战斗外线作战,战略持久战中的战役战斗速决战;部队要有充分休息、训练和战斗准备;作战指挥要依情况决定指挥方法,要有通盘计划,反对走一步看一步,并容许在统一指挥下的分割指挥。

在遵义会议决议以及瓦窑堡会议关于军事战略问题决议的基础上,1936年12月,毛泽东进一步深入总结土地革命战争中党领导红军反"围剿"胜利和失败的经验教训,进一步深刻批判"左"倾教条主义和冒险主义军事路线,写了《中国革命战争的战略问题》,使我们党领导军事斗争、指导中国革命战争的原则、战略、方法得以系统化和理论化了。

三、为中国共产党领导抗日战争制定 正确战略提供科学方法

领导伟大的抗日战争,不仅需要一条正确的政治路线,而且需要一条正确的军事路线。在抗日救亡运动蓬勃兴起、全民族抗日战争即将到来之际,毛泽东运用马克思主义的立场观点

方法，紧密联系中国社会和中国革命战争实际，深刻总结中国革命战争特别是五次反"围剿"胜利和失败正反两方面的历史经验，深刻批判"左"倾教条主义和军事冒险主义，为培养能够把握和总揽战争全局、能够起大的作用的战争指导者，准备直接对日作战的力量，写了《中国革命战争的战略问题》。1964 年 6 月 24 日，他在会见越南人民军总参谋长文进勇时说："一九三六年，红军大学要我去讲革命战略问题。好，我就看参考书，考虑怎样总结国内革命战争的经验，写讲义。我看了国民党的军事材料，看了日本、俄国和西欧国家的一些军事著作，其中包括克劳塞维茨的军事著作，也看了一点苏联编的军事资料和中国古代的兵书孙子兵法等，主要是总结中国十年内战的经验。写的讲义题目是《中国革命战争的战略问题》，还没有写完，还有关于战略进攻、政治工作、党的工作等问题，因为西安事变发生，没有工夫再写。主要部分写好了，我就不讲了。有书，你们看就是了。红军大学的同志帮了我的忙，他们不叫我教书，我就不会去写。当教员也有好处，可以整理思想。"① 毛泽东指出："过去的革命战争证明，我们不但需要一个马克思主义的正确的政治路线，而且需要一个马克思主义的正确的军事路线。十五年的革命和战争，已经锻炼出来这样一条政治的和军事的路线了。今后战争的新阶段，我们相信，将使这样的路线，根据新的环境，更加发展、充实和丰富起来，达到战胜民族敌人之目的。"②

---

① 《建国以来毛泽东军事文稿》下卷，军事科学出版社、中央文献出版社 2010 年版，第 241 页。

② 《毛泽东选集》第一卷，人民出版社 1991 年版，第 186 页。

绪　论　《中国革命战争的战略问题》写作的背景与目的

　　《中国革命战争的战略问题》由如何研究战争、中国共产党和中国革命战争、中国革命战争的特点、"围剿"和反"围剿"——中国内战的主要形式、战略防御五章构成，全文4万多字。在《中国革命战争的战略问题》中，毛泽东明确指出研究和指导战争，必须把握战争规律和战争指导规律。而为了正确把握战争规律和战争指导规律，必须着眼其特点和着眼其发展，反对战争问题上的机械论；必须从客观实际出发，努力使主观指导与客观世界相符合；必须研究和把握战争全局，正确处理全局和局部的关系；必须在一定客观物质条件的基础上，充分发挥主观能动性。毛泽东系统阐明了中国革命战争的理论与战略，深刻揭露和批判了"左"倾教条主义和军事冒险主义的唯心主义根源和形而上学实质，建构了研究和指导中国革命战争的科学的世界观方法论的基本框架，为中国共产党领导伟大的全民族抗日战争做了思想理论准备和军事战略准备，提供了研究和指导战争的科学理论和科学方法。

第一章　一般与特殊：研究战争要着眼其特点和发展

矛盾是普遍存在的，又是各各特殊的。我们不但要研究矛盾的普遍性，把握事物运动变化发展的普遍原因和普遍根据；还要研究矛盾的特殊性，把握事物运动变化发展的特殊原因和特殊根据，并据此找到解决矛盾的办法。毛泽东在《中国革命战争的战略问题》中，开宗明义就指出战争规律是发展的，研究战争要着眼其特点和着眼其发展，为运用唯物辩证法关于矛盾的普遍性与特殊性即共性与个性辩证关系的理论与方法研究和指导中国革命战争，提供了科学的方法和生动的范例。

一、战争规律是一般性与特殊性的统一

列宁在《谈谈辩证法问题》一文中指出，"统一物之分为两个部分以及对它的矛盾着的部分的认识……是辩证法的实质"[①]。

[①]《列宁专题文集　论辩证唯物主义和历史唯物主义》，人民出版社2009年版，第148页。

第一章 一般与特殊：研究战争要着眼其特点和发展

任何事物都存在着矛盾，任何矛盾都是对立面的统一和对立面的斗争。事物是自己运动、变化、发展的，事物的内部矛盾是其发展的根本动力。事物的矛盾有其共同点，也有其特殊点；事物有其发展的普遍原因和普遍根据，也有其发展的特殊原因和特殊根据。这种共同点、普遍原因、普遍根据是一般、普遍、共性，特殊点、特殊原因、特殊根据是个别、特殊、个性。"个别一定与一般相联而存在。一般只能在个别中存在，只能通过个别而存在。任何个别（不论怎样）都是一般。任何一般都是个别的（一部分，或一方面，或本质）。任何一般只是大致地包括一切个别事物。任何个别都不能完全地包括在一般之中……任何个别经过千万次的过渡而与另一类的个别（事物、现象、过程）相联系"[①]。从人类总的认识秩序来看，要认识事物，总是先认识个别的、特殊的事物，再认识一般的、普遍的事物，先认识个别事物的特殊的本质，再认识事物之一般的、普遍的本质，然后再以对事物一般的、普遍的本质的认识为指导，去认识和研究那些尚未认识和研究或尚未深入认识和研究的事物的特殊本质和特殊规律，以丰富对事物共同本质和普遍规律的认识。人类的认识是一个在实践的基础上由感性认识到理性认识、再由理性认识到实践的过程，也是一个从个别、特殊到一般、普遍，再由一般、普遍到个别、特殊的循环往复、无限上升的过程。个别与一般、特殊与普遍、个性与共性、感性认识与理性认识是内在联系、不可分割的，如果

---

① 《列宁专题文集 论辩证唯物主义和历史唯物主义》，人民出版社 2009 年版，第 150 页。

将其分割开来，只看到一个方面而看不到另一个方面，只强调一个阶段而否认另一个阶段，把某一个方面或阶段固定化、绝对化、僵化，就会滑入唯心主义、形而上学的泥潭。正如列宁所说："哲学唯心主义是把认识的某一特征、某一方面、某一侧面，片面地、夸大地……发展（膨胀、扩大）为脱离了物质、脱离了自然的、神化了的绝对"。"人的认识不是直线（也就是说，不是沿着直线进行的），而是无限地近似于一串圆圈、近似于螺旋的曲线。这一曲线的任何一个片断、碎片、小段都能被变成（被片面地变成）独立的完整的直线，而这条直线能把人们（如果只见树木不见森林的话）引到泥坑里去……直线性和片面性，死板和僵化，主观主义和主观盲目性就是唯心主义的认识论根源"。①

毛泽东在《中国革命战争的战略问题》中，坚持以矛盾普遍性与特殊性的辩证法研究中国革命战争的规律和中国革命战争的指导规律。矛盾存在于一切事物的发展过程之中，每一事物的发展过程存在着自始至终的矛盾运动，矛盾无处不在、无时不在，世界充满矛盾，没有矛盾就没有世界。正是事物矛盾各方面相互依存、相互渗透、相互转化和相互排斥、相互对立、相互否定，推动了事物的发展。这是矛盾的普遍性、共性。矛盾着的事物及其每一个侧面各有其特点，各种物质运动形式的矛盾、每一物质运动形式在其发展的不同过程中的矛盾、同一过程中矛盾的各方、同一过程中不同发展阶段上的矛

---

① 《列宁专题文集　论辩证唯物主义和历史唯物主义》，人民出版社 2009 年版，第 152 页。

盾、同一发展阶段的矛盾各方都各有其特点，这是矛盾的特殊性、个性。具体说来，从空间上看，不同事物的矛盾都有特殊性；从时间上看，同一事物在其发展的不同过程和阶段上的矛盾有特殊性；从矛盾内部来看，矛盾着的双方各有其特殊性；从地位、作用、性质来看，各种矛盾有特殊性。矛盾的特殊性，实质上就是矛盾的特点。我们研究事物及其矛盾，就要着眼其特点和着眼其发展。由于事物范围的极其广大以及发展的无限性，在一定场合为普遍性的东西，而在另一场合则变为特殊性。反之，在一定场合为特殊性的东西，而在另一场合则变为普遍性。

普遍性存在于特殊性之中，没有特殊性，就没有普遍性；特殊性又与普遍性相联而存在，为普遍性所制约。每一事物内部不但包含了矛盾的特殊性，而且包含了矛盾的普遍性。矛盾是普遍存在的，而矛盾的性质、内容是不一样的，矛盾的表现形式也是各不相同的。并且，随着事物的发展变化，矛盾的性质、内容和表现形式也会发生改变。这就要求我们对具体矛盾进行具体分析。一个马克思主义者不但要认识矛盾的普遍性，更要认识矛盾的特殊性，要懂得矛盾的普遍性总是寓于特殊性之中的，只有真正把握了矛盾的特殊性，才有可能揭示事物的本质，得出正确的结论。如果不认识矛盾的普遍性，就无从发现事物运动发展的普遍的原因和普遍的根据；如果不研究矛盾的特殊性，就无从确定一事物不同于他事物的特殊的本质，就无从发现事物运动发展的特殊的原因和特殊的根据，就无从辨别事物，因而也就无从找到解决特殊矛盾的适当办法。马克思主义经典作家高度重视矛盾特殊性的分析，列宁说，"马克思主义的精髓,马克思主义的活的灵魂:对具体情况作具体分析"①。不同质的矛盾,只有用不同质的方法才能解决。用不同的方法去解决不同的矛盾,这是马克思列宁主义者必须严格遵守的一个原则。

矛盾分析方法,是我们认识事物的最根本的方法,不论从事实际工作,还是从事研究工作;不论对待自己,还是对待别人;不论在什么时候、在什么问题上,都要用矛盾的眼光观察、看待问题,用矛盾分析方法研究、解决问题。不能否定矛盾、回避矛盾、惧怕矛盾。任何否认矛盾分析、轻视辩证法指导的想法和做法,都是错误的。而"蔑视辩证法是不能不受惩罚的"②。世界上的事物、矛盾是千差万别的。如果我们只懂得矛盾的普遍性,不懂得矛盾的特殊性,不具体地研究具体的矛盾,这样的认识就是空洞的、抽象的,是不能解决任何问题的。如果机械地、简单地照搬反映矛盾普遍性的理论,不将其与具体实际相结合,就会给党和人民的事业造成严重的危害。为了认识具体的事物和具体的矛盾,就必须在矛盾普遍性原理的指导下,通过社会实践和调查研究,了解事物的具体内容和矛盾的特殊性质,并找出解决矛盾的具体办法。

坚持普遍与特殊、共性与个性的辩证法,是党和毛泽东在民主革命时期反对主观主义特别是反对教条主义的经验总结。两次国内革命战争中陈独秀和王明所犯的错误,其思想根源是教条主义,这就使他们丧失了对具体矛盾进行具体分析的能

---

① 《列宁专题文集 论马克思主义》,人民出版社2009年版,第293页。
② 《马克思恩格斯选集》第3卷,人民出版社2012年版,第890页。

力。教条主义的基本特征是主观与客观相分裂、理论和实践相脱离。从认识论上说，是由于颠倒了理论与实践的关系，一切从本本出发，而不是从中国革命的实际出发。从辩证法的角度来说，是割裂了矛盾的普遍性与特殊性的相互联结，只承认矛盾的普遍性，不承认矛盾的特殊性，拒绝研究中国革命的特殊矛盾和特殊规律，照搬照抄马克思主义的词句、共产国际指示和俄国革命经验，结果在中国革命实践中被碰得头破血流。

普遍性与特殊性、共性与个性的辩证法是马克思主义基本原理同中国具体实际相结合的重要哲学基础，是与教条主义进行斗争的锐利武器。而高度重视矛盾的特殊性，认清中国的特殊国情和中国社会的特殊矛盾，则是实现这一结合的关键。正因为如此，毛泽东在《矛盾论》中指出，"这一共性个性、绝对相对的道理，是关于事物矛盾的问题的精髓，不懂得它，就等于抛弃了辩证法"①。

二、研究战争规律要着眼于战争的特点

毛泽东运用马克思主义的辩证唯物主义和历史唯物主义观察战争问题，认为古今中外的战争既有其共性，也有其个性，是共性与个性的统一。研究和指导中国革命战争，既要研究一般战争规律，还要研究革命战争规律，更要研究更加特殊的中国革命战争规律。

战争是人类社会发展到一定历史阶段才产生的，是私有制

---

① 《毛泽东选集》第一卷，人民出版社1991年版，第320页。

和阶级斗争的产物。在原始社会，尽管部落之间为了争夺自然资源，也会发生暴力冲突，但从总体上来说，由于当时生产力水平十分低下，生产资料为氏族或部落公有，没有私有制和阶级对抗，没有剥削和压迫，人们平等相处，共同劳动，共同享有劳动成果，不必依靠军事暴力手段解决社会内部的矛盾冲突，因而也不可能发生具有明确政治目的的战争。由于生产力的发展和分工的出现，有了剩余产品和产品交换，从事管理氏族公共事务的人也就有可能利用职务便利侵吞公共财产，由此产生了私有制和阶级，形成了剥削和被剥削、统治和被统治的关系。由此，统治者和被统治者、剥削者和被剥削者之间的斗争，就成为私有制和阶级社会的普遍现象。统治阶级为了巩固自己的统治，扩大私有制，掠夺更多的财富，不断对内、对外挑起压迫和掠夺性的战争。即使是统治阶级内部，也为了争权夺利而相互残杀。战争与私有制相伴生，是阶级社会中解决社会矛盾冲突的必然现象。毛泽东指出，战争是"从有私有财产和有阶级以来就开始了的、用以解决阶级和阶级、民族和民族、国家和国家、政治集团和政治集团之间、在一定发展阶段上的矛盾的一种最高的斗争形式"[①]。在阶级社会中，阶级斗争始终存在，但阶级斗争并不总是采取战争的形式。只有阶级矛盾发展到极端尖锐的程度，不用剧烈的冲突对抗的形式无以解决时，才采取战争这种外部对抗的形式。阶级和阶级之间的战争，是阶级斗争的最高形式；民族和民族、国家和国家之间的战争，从根本上来说，也有其阶级根源。一些国家和民族的

---

① 《毛泽东选集》第一卷，人民出版社1991年版，第171页。

第一章 一般与特殊：研究战争要着眼其特点和发展

统治阶级为了维护其统治地位，扩大其阶级利益，发起对于其他国家和民族的侵略战争，同时也遭到被侵略国家和民族人民的反抗。阶级压迫、剥削、对立，是战争的深刻根源，"人对人的剥削一消灭，民族对民族的剥削就会随之消灭"，"民族内部的阶级对立一消失，民族之间的敌对关系就会随之消失"。①

毛泽东指出，"战争的目的在于消灭战争"。战争作为政治的继续，作为阶级斗争的最高形式，是人类互相残杀的怪物。它在人类社会一定历史发展阶段中产生，也必将随着人类社会的发展而最终被消灭。但消灭战争的方法只有一个，这就是"用战争反对战争，用革命战争反对反革命战争，用民族革命战争反对民族反革命战争，用阶级革命战争反对阶级反革命战争"②。历史上的战争多种多样，但从根本上来说，只有正义的和非正义的两类。一切反革命战争都是非正义的，一切革命战争都是正义的。中国共产党拥护正义战争，反对非正义战争。中国共产党人以进行彻底的民主革命、社会主义革命，最终消灭私有制，消灭剥削和压迫，建设社会主义，实现共产主义，消灭一切战争，实现人类永久和平为己任。中国共产党人要彻底结束人类的战争生活，其所进行的战争属于最后战争的一部分，又是最大的和最残酷的战争的一部分。面对最大的和最残酷的非正义的反革命的战争，必须高扬起正义战争的旗帜，使人类的大多数免受摧残。毛泽东指出，"人类正义战争的旗帜是拯救人类的旗帜，中国正义战争的旗帜是拯救中国的

---

① 《马克思恩格斯选集》第1卷，人民出版社2012年版，第419页。
② 《毛泽东选集》第一卷，人民出版社1991年版，第174页。

旗帜"①。人类的大多数和中国人的大多数所举行的战争"是正义的战争,是拯救人类拯救中国的至高无上的荣誉的事业,是把全世界历史转到新时代的桥梁"②。当人类社会进步到消灭了阶级、消灭了国家,所有的战争也就消失了,这就是人类的永久和平的时代。中国共产党人研究革命战争的规律,指导革命战争,"出发于我们要求消灭一切战争的志愿,这是区别我们共产党人和一切剥削阶级的界线"③。

马克思主义认为,人类的实践活动,既是认识的基础,是认识的根本来源、发展动力、最终目的和检验标准,又是以对于客观事物规律的认识为指导的。如果对于客观事物的情形、性质、历史、现状、内部联系、外部联系不了解,对于客观事物的本质、规律缺乏认识,就不能进行自觉能动的社会实践,就不能取得实践的胜利和成功。毛泽东说,"大家明白,不论做什么事,不懂得那件事的情形,它的性质,它和它以外的事情的关联,就不知道那件事的规律,就不知道如何去做,就不能做好那件事"④。而任何事物都是普遍性与特殊性、共性和个性、一般和个别的统一,其中既包含普遍性、共性、一般性,又具有特殊性、个性、个别性。对于战争,若不懂得它的情形,它的性质,它和它以外事情的关联,就不知道战争的规律,就不知道如何指导战争,就不能打胜仗。革命的阶级战争和革命的民族战争,在一般战争的情形和性质之外,有它的特

---

① 《毛泽东选集》第一卷,人民出版社 1991 年版,第 174 页。
② 《毛泽东选集》第一卷,人民出版社 1991 年版,第 174 页。
③ 《毛泽东选集》第一卷,人民出版社 1991 年版,第 174—175 页。
④ 《毛泽东选集》第一卷,人民出版社 1991 年版,第 171 页。

第一章 一般与特殊：研究战争要着眼其特点和发展

殊的情形和性质。因此，在一般的战争规律之外，有它的一些特殊的规律。不懂得这些特殊的情形和性质，不懂得它的特殊的规律，就不能指导革命战争，就不能在革命战争中打胜仗。中国革命战争，不论是国内战争，还是民族战争，都是在中国的特殊环境中进行的，与一般的战争、一般的革命战争相比，又有其特殊的情形和特殊的性质。因而在一般战争和一般革命战争的规律之外，又有它的一些特殊的规律。如果不懂得它的特殊规律，就不能在中国革命战争中打胜仗。战争是客观存在的社会历史现象，不以人的主观意志为转移，只有认识、把握和运用战争规律，运用好政治、经济、军事、文化、自然等各种条件和力量，根据敌对双方力量的大小、强弱、优劣，制定正确的战略战术，才能有效地指导战争。而"战争规律是发展的"[①]，由于战争发生的时间、地域、历史条件、时代特点不同，战争的特点和规律也有所不同。战争有一般的特点和规律，有特殊的特点和规律，还有更加特殊的特点和规律。毛泽东指出，指导战争，既要重视研究战争的一般规律，更要研究战争的特殊规律。战争的一般规律是在所有战争中普遍起作用的规律，任何战争都有其政治目的，战争中敌对的双方都要求保存自己、消灭敌人，一切战争都表现为进攻和防御、前进和后退。研究战争的一般规律，可以为战争提供一般性的指导。同时，我们还要研究革命战争的规律，特别是研究中国革命战争的规律。革命战争与反革命战争是性质根本不同的战争，革命战争是正义的，反革命战争是非正义的。中国共产党领导的

---

① 《毛泽东选集》第一卷，人民出版社 1991 年版，第 170 页。

中国革命战争是在特殊的历史时代、国内外环境和主客观条件下进行的战争，它不同于一般的战争，也不同于一般的革命战争，它有自己更加独特的特点和规律，如果不懂得这些独特的特点和规律，就不能指导中国革命战争走向胜利。因此，毛泽东强调指出，任何指导战争的人不能不研究和不能不解决战争的规律问题，任何指导革命战争的人不能不研究和不能不解决革命战争的规律问题，任何指导中国革命战争的人不能不研究和不能不解决中国革命战争的规律问题。"我们现在是从事战争，我们的战争是革命战争，我们的革命战争是在中国这个半殖民地的半封建的国度里进行的。因此，我们不但要研究一般战争的规律，还要研究特殊的革命战争的规律，还要研究更加特殊的中国革命战争的规律。"①

三、研究战争规律要着眼于战争的发展

实践是马克思主义哲学的认识论和辩证法的基础。马克思主义的认识论，是以实践为基础的能动的革命的反映论，是在实践的基础上能动地认识世界和改造世界的科学的方法论；马克思主义的辩证法，既是对于客观事物规律的揭示，也是对于实践规律和认识规律的揭示，是科学的认识方法和实践方法。马克思主义哲学是以指导改造世界的实践为最终目的的。马克思在《关于费尔巴哈的提纲》中指出："哲学家们只是用

---

① 《毛泽东选集》第一卷，人民出版社1991年版，第171页。

不同的方式解释世界，问题在于改变世界。"① 列宁将实践的观点作为辩证唯物主义认识论之第一的和基本的观点，他在《黑格尔〈逻辑学〉一书摘要》中强调指出，"人的意识不仅反映客观世界，并且创造客观世界"②。"世界不会满足人，人决心以自己的行动来改变世界"③。毛泽东也具有强烈的实践意识和问题导向，强调我们研究哲学、重视理论，"不是为着满足好奇心，而是为改造世界"，"为着有效的指导实践"。④"理论的基础是实践，又转过来为实践服务"⑤。"马克思主义的哲学认为十分重要的问题，不在于懂得了客观世界的规律性，因而能够解释世界，而在于拿了这种对于客观规律性的认识去能动地改造世界。……如果有了正确的理论，只是把它空谈一阵，束之高阁，并不实行，那末，这种理论再好也是没有意义的。……抓着了世界的规律性的认识，必须把它再回到改造世界的实践中去，再用到生产的实践、革命的阶级斗争和民族斗争的实践以及科学实验的实践中去"⑥。人类认识世界，是为了改造世界；研究战争，是为了指导战争；研究战争规律，是为了制定和实施正确的战略战术，以赢得战争的胜利。毛泽东在《中国革命战争的战略问题》中，不仅提出要研究

---

① 《马克思恩格斯选集》第1卷，人民出版社2012年版，第136页。
② 《列宁专题文集 论辩证唯物主义和历史唯物主义》，人民出版社2009年版，第138页。
③ 《列宁专题文集 论辩证唯物主义和历史唯物主义》，人民出版社2009年版，第138页。
④ 《毛泽东哲学批注集》，中央文献出版社1988年版，第152页。
⑤ 《毛泽东选集》第一卷，人民出版社1991年版，第284页。
⑥ 《毛泽东选集》第一卷，人民出版社1991年版，第292页。

战争规律，更提出要研究战争指导规律。"指导战争的规律，就是战争的游泳术"①。

毛泽东指出，"一切战争指导规律，依照历史的发展而发展，依照战争的发展而发展；一成不变的东西是没有的"②。战争、战争规律和战争指导规律，都是发展变化的；研究战争、战争规律和战争指导规律，必须着眼于特点和着眼于发展，既要反对教条主义地、僵化地照搬照抄一般的战争理论与方法，又要反对经验主义地、机械地照搬照抄他人和自己以往战争的经验。他说，"战争情况的不同，决定着不同的战争指导规律，有时间、地域和性质的差别。从时间的条件说，战争和战争指导规律都是发展的，各个历史阶段有各个历史阶段的特点，因而战争规律也各有其特点，不能呆板地移用于不同的阶段。从战争的性质看，革命战争和反革命战争，各有其不同的特点，因而战争规律也各有其特点，不能呆板地互相移用。从地域的条件看，各个国家各个民族特别是大国家大民族均有其特点，因而战争规律也各有其特点，同样不能呆板地移用。我们研究在各个不同历史阶段、各个不同性质、不同地域和民族的战争的指导规律，应该着眼其特点和着眼其发展，反对战争问题上的机械论"③。研究战争，不能从一般的原则出发，而必须从客观存在的战争实际出发；不能妄把主观想象的东西当作特点，而必须具体分析战争以及战争中敌对双方的特点；不能脱离战争实际去制定和实施战略策略，而必须在把握战争

---

① 《毛泽东选集》第一卷，人民出版社1991年版，第183页。
② 《毛泽东选集》第一卷，人民出版社1991年版，第173—174页。
③ 《毛泽东选集》第一卷，人民出版社1991年版，第173页。

实际、战争规律的基础上制定和实施正确的战略策略。同时，又要运用发展的观点和方法看待战争，战争情况发展变化了，研究和指导战争的观点方法、战略战术也要随之转变，绝不能把战略的一般理论与方法当成千古不变的教条，绝不可思想僵化、墨守成规、裹足不前。

　　毛泽东深刻批判了在战争问题上的各种错误观点和主张。一种意见认为只要研究一般战争的规律就得了，具体地说，只要照着反动的中国政府或反动的中国军事学校出版的那些军事条令去做就得了。他们不知道这些条令仅仅是一般战争的规律，并且全是抄了外国的，如果我们一模一样地照抄来用，丝毫也不变更其形式和内容，就一定是削足适履，要打败仗。他们的理由是过去流过血得来的东西，为什么要不得？他们不知道我们固然应该尊重过去流血的经验，但是还应该尊重自己流血的经验。另一种意见认为只要研究俄国革命战争的经验就得了，具体地说，只要照着苏联内战的指导规律和苏联军事机关颁布的军事条令去做就得了。他们不知道苏联的规律和条令包含着苏联内战和苏联红军的特殊性，如果我们一模一样地抄了来用，不允许任何的变更，也同样是削足适履，要打败仗。这些人的理由是：苏联的战争是革命的战争，我们的战争也是革命的战争，而且苏联是胜利了，为什么还有取舍的余地？他们不知道我们固然应该特别尊重苏联的战争经验，因为它是最近代的革命战争的经验，是在列宁、斯大林指导之下获得的。但是，我们还应该尊重中国革命战争的经验，因为中国革命和中国红军又有许多特殊的情况。还有一种意见认为1926年至1927年的北伐战争的经验是最好的，我们应该学习它，具体地说,学北伐战争的长驱直入和夺取大城市。他们不知道北伐战争的经验是应该学习的,但是不应该刻板地抄用,因为我们现时战争的情况已经变化了。我们只应该采用北伐战争中那些在现时情况下还能适用的东西,我们应该按照现时情况规定我们自己的东西。①

在批判了上述三种错误观点后,毛泽东进而指出,战争指导者不仅要懂得不同的战争有不同的战争指导规律,还要学会指挥不同兵力、不同地方、不同阶段的战争。他指出,"对于一个指挥员来说,起初会指挥小兵团,后来又会指挥大兵团,这对于他是进步了,发展了。一个地方和许多地方也不相同。起初会在某一熟悉的地方作战,后来在许多地方也会作战,这对于一个指挥员又是进步了,发展了。因为敌我双方的技术、战术、战略的发展,一个战争中各阶段的情形也不相同。在低级阶段会指挥的,到了高级阶段也会指挥,这对于一个指挥员更是进步和发展了。只能适应于一定兵团、一定地方和战争发展的一定阶段,这叫做没有进步和没有发展。有一种人,抱着一技之长和一孔之见,再也没有进步,这对革命虽则在一地一时有些作用,但是没有大的作用。我们要求有大的作用的战争指导者。一切战争指导规律,依照历史的发展而发展,依照战争的发展而发展;一成不变的东西是没有的"②。

总起来说,研究战争和指导战争,要在重视理论指导的同时避免犯教条主义的错误,在重视实践经验的同时避免犯经验

---

① 参见《毛泽东选集》第一卷,人民出版社1991年版,第171—173页。
② 《毛泽东选集》第一卷,人民出版社1991年版,第173—174页。

主义的错误；既不能机械地照搬照抄一般的军事条例，也不能机械地照搬照抄别人或过去的经验，而是要客观、全面地观察、分析战争中敌对双方相互矛盾着的基本特点，把握战争发生的内外环境和时代条件，准确判断敌对双方所进行的战争的性质，预见战争过程、阶段、前景、结局，制定正确的战略战术，并根据战争中环境条件和敌对双方力量对比的变化，以适应新的情况和战争规律的变化，提出新的战争指导规律，及时进行战略和战术的转换，夺取战争的胜利。

第二章　全局与局部：研究战争全局把握战争规律

毛泽东在《中国革命战争的战略问题》中指出"战略问题是研究战争全局的规律的东西"[①]，强调研究战争，把握战争规律和战争指导规律，必须正确处理全局与局部的关系，从战略的高度、原则的高度研究问题和解决问题，统筹战争全局，突出战略重点，照应战略阶段，为中国共产党人正确地研究和指导中国革命战争，提供了基本的战略理论与方法。

一、战略研究要把握带全局性的战争指导规律

"战略"这个概念最初产生于军事领域并长期运用于军事斗争实践。产生于春秋（前770年—前476年）末期的《孙子兵法》，是我国现存最早的古代军事著作，它研究取得战争胜利的各项条件，揭示"知彼知己，百战不殆"的军事斗争

[①] 《毛泽东选集》第一卷，人民出版社1991年版，第175页。

规律。它把在庙堂之上谋划作战大计、预测战争胜负的会议称为"庙算"。"夫未战而庙算胜者,得算多也;未战而庙算不胜者,得算少也。多算胜,少算不胜,而况于无算乎!"① 这里的"庙算",就是战略的谋划。"庙算"能够胜过敌人,是因为谋划周密,准备的胜利条件多;不能胜过敌人,是因为谋划不周,准备的胜利条件少。谋划周密,准备的胜利条件多,可能胜敌;谋划不周,准备的胜利条件少,就不能胜敌。英国战略学家利德尔·哈特认为战略是一种分配和运用军事工具以达到政治目的的艺术。② 法国战略学家安德烈·博福尔在《战略入门》一书中说,战略"是一种运用力量使之对于政治策略目标的达到作出最有效贡献的艺术","是两个对立意志使用力量解决其争执时所用的辩证法艺术"。③ 所谓战略,一般地说,就是筹划和指导实践全局的方略。就军事斗争实践来说,战略就是对军事斗争全局的筹划和指导;就发展实践来说,战略就是对于经济社会发展全局的筹划和指导。战略理论过去一直是军事领域的专利,但随着战略研究范围的扩展,战略概念逐渐被广泛运用于政治、经济、科技、教育、文化、外交等领域。

以毛泽东同志为主要代表的中国共产党人历来高度重视从全局出发、从战略高度思考问题和解决问题。毛泽东指出:

---

① 《孙子兵法·计篇》。

② 参见[英]利德尔·哈特:《战略论》,中国人民解放军军事科学院译,战士出版社1981年版,第448页。

③ [法]安德烈·博福尔:《战略入门》,军事科学院外国军事研究部译,军事科学出版社1989年版,第5、6页。

重读《中国革命战争的战略问题》

"只要有战争,就有战争的全局","凡属带有要照顾各方面和各阶段的性质的,都是战争的全局",而"研究带全局性的战争指导规律,是战略学的任务"。① 他精辟论述了战争全局与局部的关系,强调要着眼全局,突出重点,照应阶段,把战争中的一切问题都提高到战略的高度、提高到原则的高度来认识和处理,为中国共产党研究和指导战争,提供了科学的战略思维方法。战略是研究和谋划全局性问题的,战略思维是一种全局性思维,是对全局性、根本性、长远性的重大问题进行筹划和指导的思维方法和思维艺术。战略思维作为一种全局性思维,对于战略领导者来说尤为重要。因为他的实践活动比其他人涉及的领域更广、方面更多、时间跨度更长、影响更深远,因而更需要具有全局眼光,更需要从战略高度思考问题。

战略与战略思维,有其显著的特点。战略与战略思维是主观与客观相统一。运用战略思维进行战略谋划,既要切实尊重客观规律,又要充分发挥主观能动性,全面把握与战略实践相关的主观与客观条件、内部与外部环境,以制定和实施正确的战略方针。无论是脱离实际,还是消极无为,都不能取得战略的主动和成功。战略与战略思维是事实和价值相统一。运用战略思维进行战略谋划,既要坚持真理性原则,把握客观事实、客观规律,明确我们能够做什么;又要坚持价值性原则,明确我们的需要、利益、目的、目标,知道我们应当做什么。对于战略领导者来说,坚持事实和价值的统一,就是既要坚持一切从实

---

① 《毛泽东选集》第一卷,人民出版社1991年版,第175页。

第二章　全局与局部：研究战争全局把握战争规律

际出发，又要坚持一切从人民利益出发。战略与战略思维是目的与手段相统一。任何战略都有一个目的，这是战略谋划的根本旨归，是战略活动的出发点和落脚点。同时，必须正确运用各种资源、力量和手段，以实现这个目的。运用战略思维进行战略谋划，就要明确战略目的，确定战略目标，准备和运用好各种资源、力量、手段，以实现战略目的、战略目标。战略与战略思维是整体与部分相统一。战略谋划和实施是一项系统工程。它不是单一因素发挥作用，也不是各种因素简单相加，而是由各种因素、力量相互协调、有机结合构成的统一运动过程。战略思维强调整体与综合，强调各个局部、各种要素的联系、互动和协调。战略与战略思维是现实与未来相统一。战略思维既要立足现实，又要指向未来。战略思维若脱离现实，就会变成幻想和空谈；若缺乏前瞻性，没有战略预见、战略准备、战略预置，对于实践就没有指导价值。战略与战略思维是继承与创新相统一。在运用战略思维进行战略谋划时，最先进入思维领域的，通常是已有的经验、既定的方案和现成的做法。我们需要从以往的经验和预案中寻找灵感，又需要根据现实情况预测未来，超越旧的经验、观念、模式、做法，构想新思路，作出新决策。

战略领导者、战争指导者必须具有全局眼光，着重从战争全局、从原则高度思考问题，正确处理战略目标、战略布局、战略步骤、战略协同、战略转变等问题，实施正确的战略指导，争取赢得战争的胜利。

二、要把注意力的重心摆在照顾战争的全局上面

事物都是作为系统整体和运动过程而存在的。事物作为整体，包含着许多部分；事物作为过程，包含着许多阶段。事物的全局，就是由各个部分与阶段构成的有机整体和动态过程。战略思维作为一种全局性思维，反映了事物的整体性和过程性。战略领导者的眼光应当是宏观的而不是微观的、长远的而不是短浅的。战略思维的运思路向是从合到分，从大到小，从远到近，从上到下。不谋万世者不足以谋一时，不谋全局者不足以谋一域。战略领导者必须注重考虑全局性问题，善于把具体问题提升到战略性、原则性的高度来认识和处理。

全局高于局部、统率局部。着眼全局，就是把全局作为分析问题和解决问题的出发点和落脚点，以全局利益为最高追求，以全局目标为根本定向，根据全局的利益和目标来安排局部的活动。要照顾到各个局部，使各个局部有机地协调起来。"然而全局性的东西，不能脱离局部而独立，全局是由它的一切局部构成的。有的时候，有些局部破坏了或失败了，全局可以不受重大的影响，就是因为这些局部不是对于全局有决定意义的东西。战争中有些战术上或战役上的失败或不成功，常常不至于引起战争全局的变坏，就是因为这些失败不是有决定意义的东西。但若组成战争全局的多数战役失败了，或有决定意义的某一二个战役失败了，全局就立即起变化。这里说的多数战役和某一二个战役，就都是决定的东西了。战争历史中有在连战皆捷之后吃了一个败仗以至全功尽弃的，有在吃了许多败

第二章 全局与局部：研究战争全局把握战争规律

仗之后打了一个胜仗因而开展了新局面的。这里说的'连战皆捷'和'许多败仗'，都是局部性的，对于全局不起决定作用的东西。这里说的'一个败仗'和'一个胜仗'，就都是决定的东西了。所有这些，都在说明关照全局的重要性。指挥全局的人，最要紧的，是把自己的注意力摆在照顾战争的全局上面。主要地是依据情况，照顾部队和兵团的组成问题，照顾两个战役之间的关系问题，照顾各个作战阶段之间的关系问题，照顾我方全部活动和敌方全部活动之间的关系问题，这些都是最吃力的地方，如果丢了这个去忙一些次要的问题，那就难免要吃亏了"[1]。全局是由局部构成的，全局的胜利要靠各个局部的协调动作和共同努力。一般的局部尽管对于全局不起决定性的作用，但若多数局部都失败了，多数局部工作都没有做好，全局就会发生质的变化，全局工作就无从谈起。因此，毛泽东要求对于全局中的各个局部要全面运筹，调动各个局部的积极性，有效地发挥各个局部的作用，使之协调动作，共同完成整体、全局的奋斗目标。

一是要对全局通盘谋划，善于把具体问题上升到原则的高度来思考，抓住本质、抓住规律、抓住大局、抓住关键，不能就事论事、就现象论现象，头疼医头、脚痛医脚，东奔西忙、疲于应付，做事无巨细、浑浑噩噩的事务主义者。现象无穷无尽，具体问题多种多样。如果我们就现象论现象，就具体问题谈论具体问题，就难以从中理出头绪，也难以找出解决问题的办法。而且解决了一些具体问题，还会出现另一个问题。

---

[1] 《毛泽东选集》第一卷，人民出版社1991年版，第175—176页。

二是要善于把局部问题放在全局中加以思考,从全局高度处置局部问题,以全局利益为标准判断是非得失,不可因小失大。从全局高度思考问题和解决问题,就要弄清全局与局部相互作用的方式。其一,全局与局部同向运动、直接统一。如全局是主动的,局部也是主动的;全局是进攻的,局部也是进攻的;多数局部打了胜仗,全局也打了胜仗;等等。其二,全局与局部反向运动、间接统一。如局部的退,是为了全局的进;局部的守,是为了全局的攻;局部的速决,是为了全局的持久;局部的失,是为了全局的得。有些事情从局部看可为,但从全局看不可为;有些事情则从局部看不可为,但从全局看可为。当全局与局部在利益上发生矛盾,就要以局部服从全局,不可一叶障目不见泰山,不可急功近利而失去未来,不可局限于局部和一时而忘记整体的和长远的利益。任何事物都有两重性,都是有好有坏、有利有弊的。智者之智,就在于权衡利弊、趋利避害,以及谋大利而避大害。毛泽东早年在湖南一师读书时,在《讲堂录》中记道,"毒蛇螫手,壮士断腕,非不爱腕,非去腕不足以全一身也。彼仁人者,以天下万世为身,而以一身一家为腕。惟其爱天下万世之诚也,是以不敢爱其身家。身家虽死,天下万世固生,仁人之心安矣"[①]。这是以"毒蛇螫手,壮士断腕"的比喻,说明要两害相权取其轻、两利相权取其重的道理。在土地革命战争时期,党和红军中一些同志不懂得有所失有所得、有所为有所不为、有所进有所退、"将欲取之必先予之"的道理,主张不丧失一寸土地,反对一

---

① 《毛泽东早期文稿》,湖南出版社1990年版,第590页。

切必要的战略退却,认为退却丧失土地、危害人民,搞消极防御、阵地战、消耗战,结果是人地两失,造成了全局的失败。针对教条主义的错误,毛泽东指出,如果我们暂时丧失了土地,但战胜了敌人,收复了土地,并扩大了土地,这是赚钱的生意。他批评教条主义者"看问题仅从一局部出发,没有能力通观全局,不愿把今天的利益和明天的利益相联结,把部分利益和全体利益相联结,捉住一局部一时间的东西死也不放"①。我们在思考问题时,只有全局在胸,才能把局部利益和整体利益、眼前利益和长远利益结合起来,正确处理有所为有所不为、有所进有所退的关系。在一定条件下,某些局部的和暂时的失,正是全局的和长远的得所必须付出的代价。是小得而大失,还是小失而大得,都必须在头脑中计算清楚,决不可因小失大。

三是要有战略定力和战略主见,在事关全局的问题上旗帜鲜明。全局利益是根本利益,我们一定要高度重视全局利益的实现和维护。如果丢掉了全局利益,就丢掉了根本。如果在事关全局的问题上随波逐浪、模棱两可,丧失原则和立场,就会严重危害党和人民的利益。

毛泽东高度重视通观全局、统筹全局,善于运用战略思维确定战略目标,制定战略部署,指导战略行动,组织战略协同,使各个局部协调动作,使各种方式有机组合,使各个环节紧密相连,坚定而果敢地领导党和人民赢得战争的胜利。在土地革命战争时期,他提出了"农村包围城市、武装夺取政权"

---

① 《毛泽东选集》第一卷,人民出版社1991年版,第212页。

的总战略，在敌人统治力量薄弱的农村开辟根据地，并针对"围剿"和反"围剿"长期反复的战争情况，把战略防御作为红军作战的最重要的问题，提出了积极防御的战略思想、诱敌深入的作战方针，以及充分准备、慎重初战、集中兵力、运动战、速决战、歼灭战等一系列作战原则，正确规定战略方向，进攻时反对冒险主义，防御时反对保守主义，退却时反对逃跑主义，观照战争的各个方面和各个阶段，成功地指导了红军的战略行动。在抗日战争时期，毛泽东提出了全面的、全民族抗战的路线，制定了持久战的战略总方针，提出了正面战场实行高度的运动战、敌后战场实行基本的游击战，但不放松有利条件下的运动战的战略方针，把游击战提高到战略地位。开展敌后游击战，并将其与广泛发动、组织、武装群众相结合，不仅成为关系整个抗日战争胜利的重要因素，而且促进了党领导的人民革命力量的发展壮大，为抗战胜利后占据更为主动有利的战略地位奠定了重要的物质基础和军事基础。在解放战争时期，毛泽东对战争全局的谋划达到了得心应手的境界。全面内战爆发前，党和毛泽东作出了从游击战向运动战转变的战略决策，作出了"向北发展、向南防御"的战略部署，抽调力量进军东北，打破敌人在战略上对人民解放军长期包围的局面，先机形成有利于应对全面内战的战略布局。全面内战爆发后，提出了以歼灭国民党有生力量为主而不以保守地方为主的战略方针，指挥人民解放军首先依托解放区进行内线作战，以战役战斗的进攻打破敌人的战略进攻，逐步改变敌我力量对比和战争形势。当敌人的重点进攻成为强弩之末、战略上处于不利态势时，果敢作出了以主力打到外线去、将主要战场引向国民党统治区的战略决策。命令刘邓大军千里跃进大别山，组织中原和全国各战场的战略协同和策应动作，形成了中央突破、三军挺进、两翼牵制、内外线密切配合的战略布局。山东解放军在胶东把敌人引向渤海之滨，西北解放军出击榆林把敌人拖向沙漠边缘，在敌人两翼拉长腹心暴露之际，刘邓大军一举突破黄河天险，发起鲁西南战役，歼敌九个半旅，接着向南实行无后方的千里跃进，于1947年8月底到达大别山地区。8月22日，陈赓、谢富治率领的晋冀鲁豫野战军太岳兵团在晋南强渡黄河，挺进豫西；9月7日，陈毅、粟裕率领的华东野战军主力挺进陇海路，进至豫皖苏地区。三路大军纵横驰骋于江淮河汉之间，歼灭、调动、吸引了大量敌军，恢复和扩大了中原解放区，从根本上撼动了国民党反动统治。西北解放军8月转入内线反攻，东北解放军从9月发动秋季攻势，山东解放军10月转入全面进攻，晋冀鲁豫解放军10月转入进攻。解放军的大举进攻，使中国革命战争实现了由战略防御到战略进攻的历史性转折。当国民党军队在人民解放军内外线联合打击下丧失战略主动权之后，党和毛泽东又及时作出了与敌人进行战略决战的决策，精心设计了辽沈、淮海、平津三大战略性战役，就地聚歼敌人各个重兵集团，而后又以锐不可挡之势，发起战略追击，夺取了解放战争的胜利。毛泽东在各个革命时期的这种统筹全局、指挥若定的方法与艺术，体现了他全局在胸、经天纬地的大智慧和大气魄。

毛泽东在谈到领导方法时，要求做全局工作的同志学会"弹钢琴"，处理好主要矛盾与非主要矛盾、重点与非重点、中心与非中心的关系。"党委要抓紧中心工作，又要围绕中心工作而同时开展其他方面的工作。我们现在管的方面很多，各地、各军、各部门的工作，都要照顾到，不能只注意一部分问题而把别的丢掉。凡是有问题的地方都要点一下，这个方法我们一定要学会。"① 毛泽东在各个革命时期和社会主义建设时期，都十分强调人民群众各个方面的利益。在抗日战争时期，毛泽东指出："中国共产党提出的各项政策，都是为着团结一切抗日的人民，顾及一切抗日的阶级，而特别是顾及农民、城市小资产阶级以及其他中间阶级的"，"如果不顾到这些阶级的利益……要想把国事弄好是不可能的"。② 在社会主义时期，毛泽东也强调在处理各种问题时，都要统筹兼顾，各得其所，调动一切积极因素，为社会主义建设服务。

三、抓住对全局最重要最有决定意义的问题或动作

全局决定局部，局部反作用于全局。全局中的各个局部所处的地位、所发挥的作用是不同的。有的起一般性作用，有的起比较重要的作用，有的则发挥着最重要的决定性作用。对于战略指导者来说，一方面，要通观全局，统筹兼顾，观照好各个局部；另一方面，又不能平均用力，而是必须抓住主要矛盾，突出战略重点，做好中心工作，以此为枢纽推动全局的工作。从一定意义上来说，抓住重点就是照顾全局，若丢掉了重点，就丢掉了全局。我们讲"一着不慎，满盘皆输"，这里的

---

① 《毛泽东选集》第四卷，人民出版社 1991 年版，第 1442 页。
② 《毛泽东选集》第三卷，人民出版社 1991 年版，第 808 页。

"一着"并非任意的、无关全局的，而是在全局中具有决定性意义的。毛泽东指出，"任何一级的首长，应当把自己注意的重心，放在那些对于他所指挥的全局说来最重要最有决定意义的问题或动作上，而不应当放在其他的问题或动作上"①。

突出重点，就要抓全局中的重点部位和关键环节。重点部位就是在整体中具有决定性意义的部分。在战争中，重点部位可以是主要战场、主攻方向，也可以是主要战役、主要战斗。如在解放战争中，毛泽东把战略进攻的突击方向定为以大别山为前哨的中原地区，这是敌人兵力空虚的战略纵深和关系到敌人统治安危的腹心地带。以此为战略枢纽带动全国的战局，结果是一子落盘，全局皆活，迫使敌人由战略进攻转为战略防御，从根本上扭转了战局。在决定战略决战问题时，毛泽东从争取最大战略利益着眼，在全国五大战场中选择了东北作为战略决战的首战战场。而在实施各个决战性的战役的过程中，又从战略高度把握作战的重心和枢纽。如在辽沈战役中首先攻克锦州，封闭东北之敌于关外；在淮海战役中，首先歼灭黄百韬兵团，分割徐蚌之敌；在平津战役中，先断敌西窜南逃之路，然后逐一从容解决。抓住战略枢纽，对于搞活整个战略全局，是至关紧要的。而战争形势又是发展变化的，因此，战略指导者不仅要敏锐而正确地分析判断战争局势，抓住对战争全局至关重要的战略枢纽；还要根据战争形势的变化，适时实现战略重心的转移，确定新的战争枢纽。关键环节就是过程中具有决定性意义的阶段。如战略、战役上的首战，是纵向过程的起点，处于不

---

① 《毛泽东选集》第一卷，人民出版社1991年版，第176页。

可忽视的重要地位。"第一个战斗的胜败给予极大的影响于全局,乃至一直影响到最后的一个战斗"①。因此,必须慎重初战。毛泽东明确提出了初战的三个原则:一是必须打胜。要做好充分准备,确有把握后动手。若情况不利,宁可待机,也不可贸然应战,不计后果。二是初战要成为战略战役计划的有机的序幕,使初战的胜利成为过程的良好开端。三是想到下一个阶段的文章,从而使过程的推移环环相扣、稳步推进。

抓住关键,突出重点,必须坚持"考察的客观性",从客观实际出发,具体分析具体情况,抓准主要矛盾,抓准重点关键,确定突击方向,绝不能凭主观臆想确定主要矛盾、重点关键和突击方向;否则,就会导致实践的失败。毛泽东明确指出,"说重要,说有决定意义,不能按照一般的或抽象的情况去规定,必须按照具体的情况去规定。作战时选择突击方向和突击点,要按照当前的敌情、地形和自己兵力的情况去规定。……一个原则,就是注意于那些有关全局的重要的关节"②。

突出战略重点,就是要抓住主要矛盾和中心任务。抓住了主要矛盾和中心任务,就可以提纲挈领、全盘皆活,事半功倍;抓不住主要矛盾和中心任务,平均用力,漫无头绪,就会事倍功半;抓错了主要矛盾和中心任务,就会南辕北辙,劳而无功,导致全局工作失败。对于主要矛盾和主要矛盾方面的判断,关系到根本任务的确定,关系到对于事物性质的判断。

---

① 《毛泽东选集》第一卷,人民出版社 1991 年版,第 220 页。
② 《毛泽东选集》第一卷,人民出版社 1991 年版,第 176—177 页。

我们党高度重视研究主要矛盾、主要矛盾方面及其发展变化，以正确地确定我们的根本任务、中心工作和战略策略。毛泽东说："对于主要的矛盾和非主要的矛盾、主要的矛盾方面和非主要的矛盾方面的研究，成为革命政党正确地决定其政治上和军事上的战略战术方针的重要方法之一，是一切共产党人都应当注意的。"① 为了有力地推动我们所从事的伟大事业的发展，就要善于抓住主要矛盾，突出战略重点，做好中心工作，以此为枢纽推动全局的工作。同时，还要看到各种矛盾力量的彼此消长及其主次地位的变化、转换，以与时偕行，与世推移，积极创造条件，促进事物转化，达到革命、建设和改革、发展的目的。

中国共产党在领导革命、建设和改革的长期实践过程中，高度重视运用矛盾分析方法，认识和判定社会主要矛盾，并据此制定和实施正确的路线方针政策。1956年，在生产资料私有制的社会主义改造基本完成之后，我国社会的主要矛盾发生了根本转换。同年9月召开的党的八大指出，我们国内的主要矛盾已经是人民对于建立先进的工业国的要求与落后的农业国的现实之间的矛盾，已经是人民对于经济文化迅速发展的需要同当前经济文化不能满足需要的状况之间的矛盾。党和全国人民的主要任务，就是要集中力量来解决这个矛盾，把我国尽快地从落后的农业国变为先进的工业国。这一关于我国社会主要矛盾的判断，为我们党领导人民由阶级斗争到向自然界作斗争，进行大规模社会主义建设，提供了基本根据。但这一判断并未在全党牢固确立起来，1957年整风反右之后，在国

---

① 《毛泽东选集》第一卷，人民出版社1991年版，第326—327页。

内主要矛盾问题上的看法逐渐发生逆转，并最终导致"以阶级斗争为纲"和"文化大革命"。"文化大革命"结束后，我们党总结历史经验教训，科学认识国情实际，深刻认识到在社会主义初级阶段，我国社会的主要矛盾是人民群众日益增长的物质文化需要同落后的社会生产之间的矛盾，把发展作为党执政兴国的第一要务，把解放和发展社会生产力作为建设中国特色社会主义的根本任务，在坚持以经济建设为中心、大力发展生产力的基础上，努力实现经济社会全面协调发展，不断改善民生，提高人民群众物质文化生活水平。

我国社会的主要矛盾具有阶段性的特点。在经济异常落后、老百姓衣食用等基本生活资料缺乏、国家财力非常有限的情况下，发展经济，解决人民群众基本生活问题，是当务之急。现在，我们已经告别了短缺时代，但由于发展不充分不平衡，社会事业发展短板凸显，政府职能尚未根本转变，社会管理和公共服务水平有待提高，又发生了公共物品短缺的问题。在中国特色社会主义新时代，只有对我国社会主要矛盾作出新的认知和判断，才能进一步明确新的根本任务、新的目标追求，促进和推动经济社会全面协调可持续发展，使发展更有质量效益、更加充分平衡，更能满足人民美好生活需要。中国特色社会主义进入新时代，我国社会主要矛盾已经转化为人民日益增长的美好生活需要和不平衡不充分的发展之间的矛盾。人民美好生活需要日益广泛，不仅对物质文化生活提出了更高要求，而且在民主、法治、公平、正义、安全、环境等方面的要求日益增长。同时，我国社会生产力水平总体上显著提高，社会生产能力在很多方面进入世界前列，更加突出的问题是发展不平衡不充分。发展不平衡，主要指各区域各领域各方面发展不够平衡，制约了全国水平的提升；发展不充分，主要指一些地区、一些领域、一些方面还存在发展不足的问题，发展的任务仍然很重。这已经成为满足人民日益增长的美好生活需要的主要制约因素。

主要矛盾决定根本任务，历史方位决定基本方略。我国社会主要矛盾的变化是关系全局的历史性变化，对党和国家工作提出了许多新要求。我们要在继续推动发展的基础上，着力解决好发展不平衡不充分的问题，大力提升发展质量和效益，更好满足人民在经济、政治、文化、社会、生态等方面日益增长的美好生活需要，更好推动人的全面发展、社会全面进步。同时，我们也要认识到，在中国特色社会主义新时代，我国社会主要矛盾是转化了、变化了，出现了一些新的情况新的特点，而不是根本转变了。我国社会主要矛盾的变化并未改变我们对我国社会主义所处历史阶段的判断，我国仍处于并将长期处于社会主义初级阶段的基本国情没有变，我国是世界最大发展中国家的国际地位没有变。因此，习近平总书记强调，"全党要牢牢把握社会主义初级阶段这个基本国情，牢牢立足社会主义初级阶段这个最大实际，牢牢坚持党的基本路线这个党和国家的生命线、人民的幸福线，领导和团结全国各族人民，以经济建设为中心，坚持四项基本原则，坚持改革开放，自力更生，艰苦创业，为把我国建设成为富强民主文明和谐美丽的社会主义现代化强国而奋斗"[①]。

[①] 《习近平著作选读》第二卷，人民出版社2023年版，第10页。

四、拓宽战略视野，知彼知己，百战不殆

事物有内部矛盾，也有外部矛盾；有内部联系，也有外部联系。我们在认识客观事物、把握客观规律、制定战略策略时，必须树立客观的、全面的、联系的、发展的、开放的观点和方法，从事物的内部矛盾和外部矛盾、内部联系和外部联系各个方面及其相互作用把握实际。作为决定工作方针依据的实际不是个别的片面的情况，而是事实的全部情况。我们所要把握的事实是全面的和整体的，要从事物本身及其与周围事物的相互联结上，即从矛盾的总体上把握事物，从事实的全部总和中找出内在的、本质的和必然的联系，而不是片面地和随意地抽取个别事实。毛泽东一贯强调坚持认识的客观性、全面性，分析问题要看到正面和反面，指挥战争要做到知彼知己，不能只见部分不见全体，不能明于知己而暗于知人或明于知人而暗于知己，更不能既暗于知人又暗于知己。在抗日战争中，他批评有的人喊打倒日本帝国主义时是那样神气，却连人家地方有多大，究竟强弱如何都不知道，这是一种危险。这种不调查、不分析、不研究，不知道敌人和自己，不得了，闭着眼睛捉麻雀，不但要亡党亡国，而且要亡头。毛泽东也一贯强调用宽广的视野观察事物，不仅要看到事物的内部联系，而且要看到事物的外部联系；不仅要看到事物的自身状况，而且要科学分析事物所处的环境，把事物的内部联系和外部联系、自身状况和外部环境结合起来考虑，这样对于问题的分析就全面了，对于问题的判断、对于事物发展规律的认识就准确了。如果只知其

第二章 全局与局部：研究战争全局把握战争规律

一，不知其二，只看到现象，看不到本质；只罗列事实，看不到其间的内部联系；只看内因，看不到外因，或只看外因，看不到内因，就不是真正把握实际，用片面的和表面的认识去指导实践，注定要碰壁和失败。因此，毛泽东要求我们要从国内外、省内外、县内外、区内外的实际情况出发，而不能只从一时一地的狭隘的情况出发。

毛泽东的开放性思维，突出地表现在运用"世界历史"眼光，把中国革命和建设问题放在世界历史的大背景下加以思考和解决。这里的"世界历史"，是指各个国家和民族进入全面的相互交往、相互依存、相互渗透、相互制约的时代，成为一个经济、政治、文化有机联系的系统整体的历史。近代以来，随着生产力的巨大发展、交往范围的扩大、世界市场的开拓，人类社会的发展突破了狭隘的地域界限，而在整个世界范围内展开，各个国家和民族都被卷入了世界性的经济、政治和文化的普遍交往关系之中，进入了"世界历史"时代。如果说在前世界历史时期，各个国家和民族走着孤立发展的道路，任何一种发明创造，任何一种生产方式的形成，几乎都是从头开始的，各个国家和民族的发展历史与人类总体的发展历史是一种个别和一般的关系，那么，在世界历史时代，人类总体的发展历史与各个国家和民族的发展历史不仅具有一般和个别的关系，而且还具有整体和部分的关系。列宁指出，"世界历史是个整体，而各个民族是它的'器官'"[①]。在世界历史条件下，社会基本矛盾的运动体现为民族性和世界性的统一，对于

[①]《列宁全集》第55卷，人民出版社1990年版，第273页。

落后的国家和民族来说，它在与比较先进的国家和民族交往的过程中，不仅可以实现生产力的超常规发展，而且可以跨越资本主义的"卡夫丁峡谷"，实现社会制度的超越性发展。

"世界历史"思想既是社会发展的世界性特点这一客观事实的反映，同时也是各个国家和民族在世界范围内的联系日益紧密的条件下构想自身的发展道路的一种方法论原则。毛泽东也正是以这样的"世界历史"眼光，从分析中国社会的原生形态和次生形态、中国近代社会的矛盾的民族性和世界性、中国革命的内部条件和外部环境入手，揭示了中国社会发展的社会主义方向，制定了中国革命分两步走的发展战略。

中国是一个以农立国的国家，自给自足的自然经济占主导地位，商品生产和商品交换不发达。尽管中国封建社会中商品经济的发展已经孕育了资本主义的萌芽，但这些原生形态的资本主义因素的萌芽在西方帝国主义入侵以前一直未能破土而出。外国资本主义的入侵终止了中国原生的资本主义因素自我发展的缓慢历程，破坏了中国自给自足的自然经济的基础，给资本主义造成了商品市场；破坏了城市的手工业和农民的家庭手工业，导致了大量农民和手工业者破产，给资本主义造成了劳动力市场。

那么，中国能否随着资本主义因素的进一步发展而建立典型的资本主义制度呢？毛泽东以世界历史眼光分析中国的生产方式的矛盾状况，将中国革命置于国际大背景下加以研究，认为中国社会的发展前途只能是社会主义的，而不是资本主义的。首先，帝国主义列强入侵中国，一方面促使中国封建社会解体，刺激了资本主义因素的增长，把中国变为一个半封建社会；另一方面，它们又残酷统治中国，把中国变为一个半殖民地社会。而在一个主权丧失、政治上不独立、经济畸形发展、依附于外国资本，而外国帝国主义和封建势力又异常强大的国度里，走资本主义独立发展的道路显然是行不通的。其次，尽管民族资本主义有了一定程度的发展，但它作为次生的资本主义因素，力量非常软弱，没有成为中国社会的主要经济形式，没有力量取得政治统治，无法保护资本主义的发展。帝国主义和封建主义则凭借其政治力量保护半殖民地半封建经济，压迫、阻碍中国资本主义的发展。中国资本主义刚产生，就受制、依赖于外国帝国主义和国内封建主义，具有革命和妥协的二重性。中国资产阶级由于其经济政治上的软弱性和动摇性，不可能领导彻底的革命和建立资产阶级专政的国家。再次，从20世纪20年代和30年代的国际环境和时代特点来看，资本主义向下低落，社会主义向上高涨，一些社会主义国家相继建立，并愿意帮助殖民地半殖民地国家的民族民主革命和社会主义革命。在这样的时代，殖民地半殖民地国家反对帝国主义和封建主义的革命在世界资本主义矛盾体系的焦点上发生，并且能够最终突破这个体系，在先进国家的导引下，摆脱国际帝国主义和国内封建主义的控制、剥削和压迫，求得民族独立，并选择社会主义前途。最后，中国革命一方面肃清了资本主义发展的障碍，促进了资本主义因素的增长，为革命的进一步深化和发展创造了物质条件；另一方面，又促进了社会主义因素的生长，如工人阶级和共产党在全国政治势力中的比重的增长，农民、知识分子和城市小资产阶级已经或者可能承认工人阶级和共产党的领导权，民主共和国的国营经济和劳动人民的合作经济的发展。资本主义因素的增长是经济落后的国家民主革命胜利后不可避免的结果，其有利于社会的发展和民主革命向社会主义革命的推进；社会主义因素的增长则预示了中国社会和中国革命的发展方向。加上社会主义向上高涨的有利的国际环境，使中国新民主主义革命的最后结果，避免资本主义的前途，实现社会主义的前途，就不能不具有极大的可能性了。

中国社会和中国革命的发展前途是社会主义，但能否立即进行社会主义革命，直接进入社会主义社会呢？毛泽东根据社会历史发展的统一性与多样性、普遍性与特殊性相一致的原则，对其作了科学回答。他认为，认清中国社会的性质，是解决中国一切革命问题的最基本的根据。中国是一个半殖民地半封建的社会，中国革命的敌人主要是帝国主义和封建势力，中国革命的任务是为了推翻这两个敌人。革命的锋芒不是向着一般的资本主义，而是向着帝国主义和封建主义。因此，中国共产党所领导的整个中国革命运动，就应包括民主主义革命和社会主义革命这两个阶段。作为整个革命过程第一阶段的民主主义革命，不是一般的资产阶级民主主义革命，而是无产阶级领导的、新式的、特殊的新民主主义革命。这个革命是为了终结半殖民地半封建社会和建立社会主义社会之间的一个过渡阶段，它一方面为资本主义扫清了道路，另一方面又为社会主义创造了前提。中国社会必须经过这个革命，才能进一步发展到社会主义革命和社会主义社会。新民主主义革命是社会主义革命的必要准备，社会主义革命则是新民主主义革命的必然趋势。党和毛泽东正是以"世界历史"眼光和革命发展阶段论学说为依据，正确地指出了中国革命的社会主义前途，并制定了中国革命分两步走的发展战略，既为新民主主义革命的胜利而苦战奋斗，又为不失时机地把革命推向社会主义阶段，实现了深刻的社会变革，确立了社会主义基本制度。

五、抓住重大战略机遇，争取战略主动权

自然界和人类社会的变化发展，是充满了机遇和偶然性的运动过程。所谓机遇，是指对于特定事物的发展而言，并非必定出现而一旦出现就会改变事物现存状态的事件和条件。机遇具有不确定性，因而往往表现出偶然性的特点；机遇具有不常驻性，因而往往是稍纵即逝，机不可失，时不再来。尽管如此，机遇的出现并不是无原因的和纯粹偶然性的事件，而是在偶然性的外表下蕴含着必然性，机遇是偶然性和必然性的统一。机遇也不是不可捉摸和把握的神秘之物，我们可以认识、把握和利用机遇，加快事物的发展。由于机遇影响事物发展的速度，影响事物在可能性空间中的发展方向和结局，是事物实现其超常规发展的关键，因此，抓住和利用机遇，对于促进事物的发展具有极为重要的意义。人类社会并不总是平衡发展的，各个国家和民族的先进与落后、发达与不发达、兴盛和衰亡都不是既定的，而是可以相互转换的，落后的国家和民族是可以实现其跨越性发展的。这里的关键是各个国家和民族是否能够敏锐地认识、珍惜、把握和利用历史发展过程中出现的机遇。若抓住了机遇，落后可以变为先进；若丧失了机遇，先进就会变为落后。马克思曾经指出，人类社会是按照由低级到高级的演进序列向前发展的，但这种发展并非指每一个国家都

会毫无例外地经过人类社会总体发展的所有阶段，落后的国家如果能够利用历史给它提供的最好的机会，就能够跨越一定的历史阶段，实现非常规的发展。同样，在中国领导革命和建设，也必须敏锐地认识和抓住千载难逢的历史机遇，争取革命和建设事业的大突破、大发展。从大的方面来看，中国革命之所以能够成功并走上社会主义道路，一个重要的原因，就是以毛泽东同志为主要代表的中国共产党人抓住并充分利用了帝国主义和无产阶级革命的时代、中国近代以来各种矛盾相互交织，以及经济政治发展不平衡等特殊的历史条件所提供的历史性机遇，制定了反帝反封建的新民主主义革命总路线，开辟了中国革命的独特道路，制定了中国革命分两步走的发展战略，从而唤起了工农大众乃至全民族进步势力的革命热情和精神，建立了最广泛的抗日民族统一战线，取得了民族解放战争的胜利；然后又紧紧抓住了中国共产党在全国人民心目中的地位空前提高、人民群众从所获得的切身利益中产生的对中国共产党的衷心拥护和爱戴，以及国民党反动派因腐败卖国而遭到广大人民唾弃的历史大势，发起了对国民党反动派的大决战，又取得了解放战争的巨大胜利。

战略领导特别是战略决策的制定和实施，具有巨大的风险性、激烈的对抗性、超常的创造性以及高度的时效性等特点。战略领导者在进行战略谋划、决策和领导时，必须在尊重客观条件和客观规律的前提下，充分发挥主观能动性，争取战略主动权。毛泽东认为主动权是军队的命脉，只有掌握主动权，才能实现保存自己、消灭敌人的目的。努力争取和保持主动权，是战略领导的中心任务。掌握战争的主动权，需要一定的客观条件，如军力、财力等。一般说来，力量强的一方比较主动，力量弱的一方比较被动。但战争双方力量的优劣强弱是相对的，弱者有强的方面，强者有弱的方面，强弱对比在一定条件下是可以相互转化的。而要实现这种转化，主观能动性的发挥和主观指导的正确具有关键性的意义。毛泽东指出，"主动和胜利，是可以根据真实的情况，经过主观能力的活跃，取得一定的条件，而由劣势和被动者从优势和主动者手里夺取过来的"①。为了争取主动，就必须从实际出发，创造性地提出扬长避短、趋利避害、转弱为强、化被动为主动的办法。如当力量弱小而处于战略防御地位时，就要善于"人工地造成我们许多的局部优势和局部主动地位，去剥夺敌人的许多局部优势和局部主动地位……把这些局部的东西集合起来，就成了我们的战略优势和战略主动，敌人的战略劣势和战略被动"②。争取战略主动还必须采取灵活机动的战略战术。兵怎么好用就怎么用，仗怎么好打就怎么打；打得赢就打，打不赢就走；判敌在先，知变在先，敌变我变；你打我时叫你打不着，我打你时则能打痛打狠；有计划地造成敌人的错觉和失误，乘敌之隙，陷敌于被动挨打的境地。

六、学习战争全局的指导规律要用心想一想

毛泽东指出，研究战略问题的任务，就是要"能够把战

---

① 《毛泽东选集》第二卷，人民出版社1991年版，第491页。
② 《毛泽东选集》第二卷，人民出版社1991年版，第490页。

争或作战的一切重要的问题,都提到较高的原则性上去解决"①。而"学习战争全局的指导规律,是要用心去想一想才行的。因为这种全局性的东西,眼睛看不见,只能用心思去想一想才能懂得,不用心思去想,就不会懂得。但是全局是由局部构成的,有局部经验的人,有战役战术经验的人,如肯用心去想一想,就能够明白那些更高级的东西。战略问题,如所谓照顾敌我之间的关系,照顾各个战役之间或各个作战阶段之间的关系,照顾有关全局的(有决定意义的)某些部分,照顾全盘情况中的特点,照顾前后方之间的关系,照顾消耗和补充,作战和休息,集中和分散,攻击和防御,前进和后退,荫蔽和暴露,主攻方面和助攻方面,突击方面和钳制方面,集中指挥和分散指挥,持久战和速决战,阵地战和运动战,本军和友军,这些兵种和那些兵种,上级和下级,干部和兵员,老兵和新兵,高级干部和下级干部,老干部和新干部,红色区域和白色区域,老区和新区,中心区和边缘区,热天和冷天,胜仗和败仗,大兵团和小兵团,正规军和游击队,消灭敌人和争取群众,扩大红军和巩固红军,军事工作和政治工作,过去的任务和现在的任务,现在的任务和将来的任务,那种情况下的任务和这种情况下的任务,固定战线和非固定战线,国内战争和民族战争,这一历史阶段和那一历史阶段,等等问题的区别和联系,都是眼睛看不见的东西,但若用心去想一想,也就都可以了解,都可以捉住,都可以精通。这就是说,能够把战争或作战的一切重要的问题,都提到较高的原则性上去解决。达到

---

① 《毛泽东选集》第一卷,人民出版社 1991 年版,第 178 页。

这个目的,就是研究战略问题的任务"①。研究战略问题,就要深刻认识和把握我方和敌方、全局与局部、过程与阶段、目的和手段、持久与速决、进攻与防御等诸多关系,把握战争中各种要素的内在联系与战争规律,并据此把握战争指导规律,制定和实施正确的战略战术。但战争中各种要素的内在联系,战争规律与战争指导规律,不是向人们直接地显示出来,人们也不能直观地把握它们,而是要经过深入思考,才能发现本质、规律和内在联系;只有对局部的经验加以概括提炼,才能上升到全局的、战略的认识的高度。

---

① 《毛泽东选集》第一卷,人民出版社1991年版,第177—178页。

第三章　过程与阶段：预见战争进程、谋划战略步骤

在《中国革命战争的战略问题》中，毛泽东不仅强调以整体的眼光观察问题，处理好整体与部分的关系；还强调以长远的眼光观察问题，处理好过程与阶段的关系，使战争全过程中的各个阶段、各个环节紧密相连、有序推进，稳步实现战略目标和战争目的，尤其要慎重初战，使初战成为取得整个战争胜利的序幕和起点。

一、指导战争要观照好过程的各个阶段

旧唯物主义"不能把世界理解为一种过程，理解为一种处在不断的历史发展中的物质"①。马克思主义哲学则是用联系的、发展的观点看世界，认为无论是客观世界，还是作为客观世界之反映的主观思维，都是一个发展过程，都处于永恒的

---

① 《马克思恩格斯文集》第4卷，人民出版社2009年版，第282页。

运动、变化、发展之中。恩格斯指出,"一个伟大的基本思想,即认为世界不是既成事物的集合体,而是过程的集合体,其中各个似乎稳定的事物同它们在我们头脑中的思想映象即概念一样都处在生成和灭亡的不断变化中,在这种变化中,尽管有种种表面的偶然性,尽管有种种暂时的倒退,前进的发展终究会实现"①。无论是自然界,还是人类社会,都有作为支配规律在其发展过程中起作用的一般运动规律,人们能够在实践中认识和把握这些规律,并用以指导新的实践,改造自然和社会,达到满足自己生存发展需要的目的。"但是,社会发展史却有一点是和自然发展史根本不相同的。在自然界中(如果我们把人对自然界的反作用撇开不谈)全是没有意识的、盲目的动力,这些动力彼此发生作用,而一般规律就表现在这些动力的相互作用中……相反,在社会历史领域内进行活动的,是具有意识的、经过思虑或凭激情行动的、追求某种目的的人;任何事情的发生都不是没有自觉的意图,没有预期的目的的。但是,不管这个差别对历史研究,尤其是对各个时代和各个事变的历史研究如何重要,它丝毫不能改变这样一个事实:历史进程是受内在的一般规律支配的。"②尽管各个人都有自觉预期的目的,总的说来在表面上好像也是偶然性在支配着,人们所预期的东西很少如愿以偿,许多预期的目的在大多数场合都互相干扰、彼此冲突,或者这些目的一开始就是实现不了的,或者缺乏实现的手段。无数单个的愿望和单个的行动的冲

---

① 《马克思恩格斯文集》第 4 卷,人民出版社 2009 年版,第 298 页。
② 《马克思恩格斯文集》第 4 卷,人民出版社 2009 年版,第 301—302 页。

突，在历史领域中造成了一种同没有意识的自然界中占统治地位的状况完全相似的状况，"行动的目的是预期的，但是行动实际产生的结果并不是预期的，或者这种结果起初似乎还和预期的目的相符合，而到了最后却完全不是预期的结果。这样，历史事件似乎总的说来同样是由偶然性支配着的。但是，在表面上是偶然性在起作用的地方，这种偶然性始终是受内部的隐蔽着的规律支配的，而问题只是在于发现这些规律"①。"无论历史的结局如何，人们总是通过每一个人追求他自己的、自觉预期的目的来创造他们的历史，而这许多按不同方向活动的愿望及其对外部世界的各种各样作用的合力，就是历史"②。事物是结构和过程的统一体，其不仅作为整体而存在，而且作为过程而存在，而这个过程又是由许多阶段构成的。世界上的事物都是在内部矛盾和外部矛盾及其相互作用下处于不断的运动变化发展过程之中的。世界是过程集合体的思想，具有重要的方法论意义。人的思维是人们对于客观事物规律以及实践规律的反映。按照世界是"过程集合体"的观点，我们不仅要分析系统整体中各种要素、各个部分及其相互关系，还要研究事物发展的各个过程及其关系以及每个过程中各个阶段及其关系，发现事物发展的规律与趋势，并按照对于客观事物发展进程与规律的认识，制订和实施正确的行动计划，使客观事物发生合乎客观规律和符合自己目的的变化，使事态朝着有利于自己的方向发展。在实际工作中，不仅要照顾各个局部，而且要

---

① 《马克思恩格斯文集》第4卷，人民出版社2009年版，第302页。
② 《马克思恩格斯文集》第4卷，人民出版社2009年版，第302页。

第三章 过程与阶段：预见战争进程、谋划战略步骤

照顾各个阶段；既要认清各个阶段的主要矛盾和中心任务，为实现当前阶段的任务和目标而努力，又要为实现工作重点转移、推进事业发展、实现更高的目标创造条件。马克思主义既立足现实的奋斗，又放眼未来的前程。"共产党人为工人阶级的最近的目的和利益而斗争，但是他们在当前的运动中同时代表运动的未来"[①]。毛泽东认为："中国共产党领导的整个中国革命运动，是包括民主主义革命和社会主义革命两个阶段在内的全部革命运动；这是两个性质不同的革命过程，只有完成了前一个革命过程才有可能去完成后一个革命过程。民主主义革命是社会主义革命的必要准备，社会主义革命是民主主义革命的必然趋势。"[②]"两篇文章，上篇与下篇，只有上篇做好，下篇才能做好。坚决地领导民主革命，是争取社会主义胜利的条件。我们是为着社会主义而斗争，这是和任何革命的三民主义者不相同的。现在的努力是朝着将来的大目标的，失掉这个大目标，就不是共产党员了。然而放松今日的努力，也就不是共产党员。"[③] 他主张根据当前和长远相结合的原则制定战略目标，分阶段有步骤地实现战略目标。

战争作为人类社会发展到一定阶段的产物，是敌对双方为了达到各自预期的目的而进行的殊死斗争，也有其发展过程和一般规律。毛泽东高度重视从事物发展过程考虑问题和处理问题，极为强调预见事物发展过程与阶段、处理好过程中各个阶段的关系对于指导战争的重要性。比如打仗，在打第一仗之

---

① 《马克思恩格斯文集》第2卷，人民出版社2009年版，第65页。
② 《毛泽东选集》第二卷，人民出版社1991年版，第651页。
③ 《毛泽东选集》第一卷，人民出版社1991年版，第276页。

前，必须想到以后几仗如何打法。虽然结果并非尽如所期，但必须依据战争双方的情况仔细地切实地想明白。如果没有全局在胸，是不会真的投下一着好棋的。"战略指导者当其处在一个战略阶段时，应该计算到往后多数阶段，至少也应计算到下一个阶段。尽管往后变化难测，愈远看愈渺茫，然而大体的计算是可能的，估计前途的远景是必要的。那种走一步看一步的指导方式，对于政治是不利的，对于战争也是不利的。……贯通全战略阶段乃至几个战略阶段的、大体上想通了的、一个长时期的方针，是决不可少的。不这样做，就会弄出迟疑坐困的错误，实际上适合了敌人的战略要求，陷自己于被动地位。须知敌人的统帅部，是具有某种战略眼光的。我们只有使自己操练得高人一等，才有战略胜利的可能"①。他强调要"拿战略方针去指导战役战术方针，把今天联结到明天，把小的联结到大的，把局部联结到全体，反对走一步看一步"②。战争指导者如果没有预见性的估算，不能从长远的发展的观点看问题办事情，不能从事物的现状察知其未来发展，不能深谋远虑、未雨绸缪，而是束缚于眼前的利害，走一步看一步，这样就会处处被动，疲于应付，就是失败之道。毛泽东作为杰出的唯物辩证法大师，具有超凡的洞察力和卓越的预见力。他对于中国革命和建设中一些重大事件的预见，其科学性、准确性超出了一般人的想象，可谓深谋远虑、料事如神。他在领导红军反"围剿"作战时，总是一开始就对战略退却、战略反攻、战略追

---

① 《毛泽东选集》第一卷，人民出版社 1991 年版，第 221—222 页。
② 《毛泽东文集》第一卷，人民出版社 1993 年版，第 381 页。

第三章　过程与阶段：预见战争进程、谋划战略步骤

击各阶段作出通盘的研究与预测，有计划有步骤地规划和实施红军的战略行动。在抗日战争时期，毛泽东对于抗日战争的发展阶段与最终结局的预见，堪称从大时空视野对战争进程进行科学预见的杰作。抗日战争爆发之后，中国社会各阶级阶层对于抗战的前景有着截然不同的看法。一种是消极悲观的"亡国论"，另一种是盲目乐观的"速胜论"。1938年5月26日至6月3日，毛泽东在延安抗日战争研究会作的《论持久战》的讲演中，根据抗日战争10个月的实践，深刻分析中日战争双方各自的特点、中日战争发生的时代条件和国际环境，科学地预见了中日战争的发展进程和最终结局。毛泽东认为，中日双方具有相互矛盾的四个特点，即敌强我弱，敌退步我进步，敌小我大，敌寡助我多助。敌强我弱，决定了抗日战争不能速胜，而是持久战；敌小我大，敌退步我进步，敌寡助我多助，则决定了中国不会亡，最后胜利是中国的。在整个战争过程中，敌我双方的力量对比将会发生变化，中国由劣势到平衡到优势，日本由优势到平衡到劣势，中国由防御到相持到反攻，日本由进攻到保守到退却，由此，毛泽东科学预见了抗日战争的三个阶段。第一个阶段，是敌之战略进攻、我之战略防御的时期；第二个阶段，是敌之战略保守、我之准备反攻的时期；第三个阶段，是我之战略反攻、敌之战略退却的时期。与这三个阶段相适应，毛泽东提出了一系列战略战术，并论述了其间的辩证关系。这就为抗日战争指明了方向和胜利的道路。毛泽东说，"客观现实的行程将是异常丰富和曲折变化的，谁也不能造出一本中日战争的'流年'来；然而给战争趋势描画一

个轮廓，却为战略指导所必需"①。但中日战争的进程和结局雄辩地证明了毛泽东预见的正确性。解放战争开始时，蒋介石的计划是3个月消灭人民军队，毛泽东则作出了用3年至5年时间赢得战争胜利的预见，后来战争的进程也证明了毛泽东的预见的正确性。战略领导者所应具有的过程性思维，还表现在能够深谋远虑、见微知著。如果不能从长远的发展的观点看问题办事情，不能从事物的现状察知其未来发展，做到未雨绸缪，有备无患，走一步看一步，就会处处被动，疲于应付。在这里，必须指出的是，科学的预见是以事实为依据、以客观规律为基础的，是建立在对于实际情况的全面把握和科学分析的基础之上的。我们只有通过分析矛盾双方的特点、性质和相互作用，分析内部条件和外部环境，分析时代特点，才能对于事物的发展趋势和发展阶段作出大致准确的预见。如果离开了客观事实，无视客观规律的制约性，凭良好的愿望和主观的臆测进行预见，就毫无科学性可言。

二、指导战争要有前瞻思维和战略远见

我们考虑任何问题，都要有长远眼光，都要着眼于长远，都要有预见性和前瞻性。在战争指导过程中，战略目标的确立、战略步骤的设计、战略布局的谋划、战略措施的选择，都是对于未来的筹划。若没有预见，就没有战略；没有战略，就没有成功。毛泽东指出，"'凡事预则立，不预则废'，没有事

---

① 《毛泽东选集》第二卷，人民出版社1991年版，第462页。

第三章 过程与阶段：预见战争进程、谋划战略步骤

先的计划和准备，就不能获得战争的胜利"①。"预见就是预先看到前途趋向。如果没有预见，叫不叫领导？我说不叫领导。""坐在指挥台上，如果什么也看不见，就不能叫领导。坐在指挥台上，只看见地平线上已经出现的大量的普遍的东西，那是平平常常的，也不能算领导。只有当着还没有出现大量的明显的东西的时候，当桅杆顶刚刚露出的时候，就能看出这是要发展成为大量的普遍的东西，并能掌握住它，这才叫领导。"所以，"为着领导，必须有预见"，"没有预见就没有领导，没有领导就没有胜利。因此，可以说没有预见就没有一切"。②

准确预见事物发展趋势，并采取适当的行动影响事物发展方向和发展进程，是战略家的理想追求。历史规律不可违背，时代潮流不可抗拒。但人们可以认识历史规律，顺应时代潮流，预见未来趋势，并采取适当的行动和方法来干预事物发展的进程，达到自己的目的。而要驾驭事态发展，影响历史走向，减少风险，化解危机，争取好的前景，避免坏的结局，就要有预见有先知。最坏的是犹豫观望、消极等待。在现代世界中，一切经济的、政治的、社会的、军事的计划都需要有时间来制定和完成，因而都要从长计议。要经常了解情况，发现在事物变动中出现的机遇，并抓住和用好机遇；发现正在萌芽中的危险，并及时作出决定以制止这种危险。这就需要深谋远虑、未雨绸缪。法国战略学家安德烈·博福尔在《1940：法

---

① 《毛泽东选集》第二卷，人民出版社1991年版，第495页。
② 《毛泽东文集》第三卷，人民出版社1996年版，第394、395、396页。

国的沦陷》中说："当历史的风吹起时，虽能压倒人类的意志，但预知风暴的来临，设法加以驾驭，并使其终能替人类服务，则还是在人力范围之内。战略研究的意义即在于此。""一个最有价值的教训：人类若不能察知正在发展中的威胁，并立即采取对抗行动，则他们也就会成为命运的玩偶"。①

博福尔认为战略是战略目的和战略手段的统一体。"战略的目的就是对于所能动用的资源作最好的利用，以达到政策所拟定的目标"②。为达到战略目的所能动用的资源多种多样，战略也有多种可能选择的行动方案。"一个战略家必须具有分析和综合这两方面的巨大能力；要搜集资料以便据此作出判断，就必须进行分析，而综合则是为了根据资料产生出判断来。而所谓判断，事实上就是在许多不同的行动方案之间作一个选择"③。战略领导作为一个动态的战略制定和实施的过程，主要有战略调查、战略判断、战略决策、战略实施以及战略调整等环节。毛泽东指出："共产党领导机关的基本任务，就在于了解情况和掌握政策两件大事，前一件事就是所谓认识世界，后一件事就是所谓改造世界。"④ 而"要了解情况，唯一的方法是向社会作调查"⑤。调查研究是了解实际情况，实现

---

① 转引自钮先钟：《战略研究》，广西师范大学出版社 2003 年版，第 320、320—321 页。
② [法] 安德烈·博福尔：《战略入门》，军事科学院外国军事部译，军事科学出版社 1989 年版，第 6 页。
③ [法] 安德烈·博福尔：《战略入门》，军事科学院外国军事部译，军事科学出版社 1989 年版，第 15 页。
④ 《毛泽东选集》第三卷，人民出版社 1991 年版，第 802 页。
⑤ 《毛泽东选集》第三卷，人民出版社 1991 年版，第 789 页。

第三章 过程与阶段：预见战争进程、谋划战略步骤

理论与实际相结合，制定正确的路线、方针、政策、战略、策略的关键性环节。没有调查，就没有发言权，更没有决策权。战略判断是战略领导者就当前战略形势进行分析、判定并作出现实的结论。战略决策是战略领导者对全局性的重大问题作出的决定。战略决策要明确战略目的，提出战略任务，制定战略方针，作出战略部署。进行战略决策，应当从全局出发，着眼整体利益，照顾局部利益，放眼长远利益，重视当前利益，慎重而果断地决策；要着眼需要，立足现实，有所为有所不为；要趋利避害，扬长避短；要从最坏处准备，争取最好的前途。战略决策作出后，还要据此制订具体的战略计划，对全局工作作出预先的安排。我们到底要选择一种什么战略，有三种衡量标准：一是适合性，若实行这一战略，则能够达到预定的或理想的政策目标；二是可行性，不能做脱离实际、好大喜功之事；三是可受性，即从成本上来说是可以承受的。战略实施是根据既定的战略决策，宣传、动员、组织、调动、指挥和协调各方面的力量，以各种有效的途径、手段和方式，完成各项战略任务，实现总的战略目的。战略调整就是对战略的部分内容进行必要的和适当的修正与改变。由于客观事物的复杂性和主体认识能力的局限性，人们的认识、判断和决策不可能完全符合客观实际；由于事物是发展变化的，新情况新问题会不断出现，既定的战略决策中可能有些部分或方面已变得不合时宜。因此，战略领导者就必须在战略实施过程中，根据新的情况和新的认识，及时进行战略调整。同时，还要对战略实施的结果进行评价，对于战略领导的各个环节加以修正和完善，从而始终保持战略上的主动地位，坚定而稳步地完成战略任务，实现

战略目标。

三、指导战争要抓住战争过程的关键环节

战争指挥员在指导战争的过程中，要处理好全局与局部的关系，既要抓住战争全局的重点部位，又要抓住战争过程的关键阶段、关键环节。重点部位，就是全局中有决定性意义的部分和局部；关键阶段，就是全局发展中具有决定性意义的阶段。战略、战役上的首战，是纵向过程的起点，就是所谓的"初战"或"序战"，处于极为重要的地位。不论是战略防御，还是战略进攻，尤其是在战略防御中，都必须慎重初战。

毛泽东在《中国革命战争的战略问题》中，深刻总结五次反"围剿"的作战经验，说明慎重初战的极端重要性。在第一次"围剿"时，敌人以约10万人的兵力由北向南从吉安、建宁之线分八个纵队向红军根据地进攻。当时的红军约4万人，集中于江西省宁都县的黄陂、小布地区。敌军罗霖师防卫吉安，隔在赣江之西。敌军公秉藩、张辉瓒、谭道源三师进占吉安东南、宁都西北的富田、东固、龙冈、源头一带。张师主力在龙冈，谭师主力在源头。敌军刘和鼎师远在福建白区的建宁，不一定越入江西。敌军毛炳文、许克祥两师进至广昌宁都之间的头陂、洛口、东韶一带。头陂是白区，洛口是游击区，东韶有AB团，易走漏消息。且打了毛炳文、许克祥再向西打，恐西面张辉瓒、谭道源、公秉藩三师集中，不易决胜，不能最后解决问题。而张、谭两师是"围剿"的主力军，是"围剿"军总司令江西主席鲁涤平的嫡系部队，张又是前线总

指挥。消灭这两个师,"围剿"就基本上打破了。两师各约14000人,张师又分置两处,我一次打一个师是绝对优势。张、谭两师主力所在的龙冈、源头一带接近我之集中地,且人民条件好,能荫蔽接近。龙冈有优良阵地,我在龙冈方向能集中最大兵力。龙冈西南数十里的兴国,还有一个千余人的独立师,也可迂回于敌后。我军实行中间突破,将敌人的阵线打开一缺口后,敌人的东西诸纵队便被分离为远距的两群。根据以上理由,我们的第一仗就决定打而且打着了张辉瓒的主力两个旅和一个师部,连师长在内9000人全部俘获,不漏一人一马。一战胜利,吓得谭师向东韶跑,许师向头陂跑。我军又追击谭师消灭其一半。从1930年12月30日至1931年1月3日5天内打了两仗,于是富田、东固、头陂诸敌畏打纷纷撤退,第一次"围剿"就结束了。

第二次"围剿"时,"进剿"军20万人,何应钦为总司令,敌军全部是蒋介石的非嫡系部队,以蔡廷锴的第十九路军、孙连仲的第二十六路军、朱绍良的第六路军为最强或较强,其余均较弱。王金钰的第五路军从北方新到,表示恐惧,其左翼郭华宗、郝梦龄两师,大体相同。我军从富田打起,向东横扫,可在闽赣交界之建宁、黎川、泰宁地区扩大根据地,征集资材,便于打破下一次"围剿"。若由东向西打去,则限于赣江,战局结束后无发展余地。若打完再东转,又劳师费时。我军3万余人,较上次战役时人数虽略减,但有四个月的养精蓄锐。基于以上理由,于是决定找富田地区的王金钰、公秉藩共11个团打第一仗。胜利后,接着打郭华宗、打孙连仲、打朱绍良、打刘和鼎师。从1931年5月16日至31日16天中走了 700 里，打了五仗，缴枪 2 万余支，痛快淋漓地打破了"围剿"。

第三次"围剿"时，蒋介石亲身出马任总司令，下分左右中三路总司令。中路何应钦，与蒋同驻南昌；右路陈铭枢，驻吉安；左路朱绍良，驻南丰。"进剿"军 30 万人。主力军是蒋介石的嫡系陈诚、罗卓英、赵观涛、卫立煌、蒋鼎文等五个师，每师九团，共约 10 万人。其次是蒋光鼐、蔡廷锴、韩德勤三个师，4 万人。再次是孙连仲军，2 万人。其他均非蒋的嫡系，且比较弱。此次敌军的"进剿"战略是"长驱直入"，大不同于第二次"围剿"之"步步为营"，企图将红军压迫于赣江而消灭之。第二次"围剿"结束至第三次"围剿"开始，为时仅一个月。红军苦战后未休息，战员也未补充（3 万人左右），又绕道千里回到赣南根据地西部之兴国集中，时敌已分路直迫面前。在上述情况下，我们决定的第一个方针，是由兴国经万安突破富田一点，然后由西而东，向敌之后方联络线上横扫过去，让敌主力深入赣南根据地置于无用之地，定此为作战之第一阶段。及敌回头北向，必甚疲劳，乘隙打其可打者，为第二阶段。此方针之中心是避敌主力，打其虚弱。但我军向富田开进之际，被敌发觉，陈诚、罗卓英两师赶至。我不得不改变计划，回到兴国西部之高兴圩，此时仅剩此一个圩场及其附近地区几十个方里容许我军集中。集中一天后，乃决计向东面兴国县东部之莲塘、永丰县南部之良村、宁都县北部之黄陂方向突进。第一天乘夜通过了蒋鼎文师和蒋、蔡、韩军间之 40 华里空隙地带，转到莲塘。第二天和上官云相军前哨接触。第三天打上官师为第一仗，第四天打郝梦龄师为第二仗,而后以三天行程到黄陂打毛炳文师为第三仗。三战皆胜,缴枪逾万。此时所有向西向南之敌军主力,皆转旗向东,集中视线于黄陂,猛力并进,找我作战,取密集的大包围姿势接近了我军。我军乃于蒋、蔡、韩军和陈、罗军之间一个 20 华里间隙的大山中偷越过去,由东面回到西面之兴国境内集中。及至敌发觉再向西进时,我已休息了半个月,敌则饥疲沮丧,无能为力,下决心退却了。我又乘其退却打了蒋光鼐、蔡廷锴、蒋鼎文、韩德勤,消灭蒋鼎文一个旅、韩德勤一个师。对蒋光鼐、蔡廷锴两师,则打成对峙,让其逃去了。

第四次"围剿"时,敌分三路向广昌进,主力在东路,西路两师暴露于我面前,且迫近我之集中地。因此我得以先打其西路于宜黄南部地区,一举消灭李明、陈时骥两个师。敌从左路分出两个师配合中路再进,我又得消灭其一个师于宜黄南部地区。两役缴枪万余,这次"围剿"就基本被打破了。

第五次"围剿"时,蒋介石调集 100 万军队,自任总司令,以 50 万兵力分几路"围剿"中央根据地的红军,并采取了堡垒主义的新战略。这时中央根据地的红军主力有 8 万人,地方红军和赤卫队等群众武装也有所发展。尽管大敌压境、形势严峻,但如果能够正确估计形势,利用有利条件,针对敌人的新战略,灵活运用反"围剿"的成功经验,采取积极防御的方针,集中优势兵力,在运动中各个歼灭敌人,打破第五次"围剿"仍然是可能的。但在蒋介石大力准备"围剿"的时候,临时中央却提出红一方面军主力分离作战的方针,一部分组成中央军在抚河、赣江之间作战,一部分组成东方军入闽作战,企图在两个战略方向上同时取胜,进而夺取抚州、南昌等中心城市。在敌强我弱的情况下，分兵击敌，使自己陷于被动的局面。东方军入闽作战虽取得一些胜利，但连续作战，使部队非常疲惫，中央军则是无仗可打，红军也失去了进行反"围剿"准备的时间。共产国际军事顾问李德和临时中央主要领导人博古抛弃此前反"围剿"中行之有效的积极防御方针，实行军事冒险主义，主张"御敌于国门之外"，要求红军在根据地以外战胜敌人。1933年9月下旬，国民党北路军开始进攻中央根据地，28日占领黎川。博古、李德急令红军主力北上迎敌，企图恢复黎川，御敌于根据地之外。红军主力在洵口与敌遭遇，打了一个胜仗。博古、李德贸然命令红军去打黎川以北敌之巩固阵地兼是白区的硝石。一战不胜，又打其东南的资溪桥，也是敌之巩固阵地和白区，又不胜。而后辗转寻战于敌之主力和堡垒之间，不仅未能在敌占区或敌我交界处打败敌人，反而遭到很大损失，完全陷入被动地位。红军在北线进攻作战中遭受挫折后，临时中央领导人从军事冒险主义转变为军事保守主义，采取消极防御的战略方针和"短促突击"的战术，在敌人修筑堡垒、步步为营向前推进时，也修筑堡垒防御阵地，当敌人走出堡垒前进时则在短距离内对敌人进行突击，强令装备很差的红军同用新式武器武装起来的国民党军队打正规战、阵地战、堡垒战。在这个时候，参加"围剿"红军的国民党第十九路军公开宣布反蒋抗日，并采取了联合共产党的步骤。但临时中央坚持执行"左"倾关门主义的错误方针，没有在军事上给予第十九路军的反蒋斗争直接而有力的配合，丧失了与国民党内抗日反蒋派结成联盟的机会，也没有以红军主力突破敌人的围攻线，突进到以浙江为中心的苏浙皖赣地区

第三章　过程与阶段：预见战争进程、谋划战略步骤

去，将战略防御转变为战略进攻，威胁敌之根本重地，向广大无堡垒地带寻求作战，粉碎其向江西根据地的进攻。临时中央主要领导人博古害怕失去根据地，不敢向敌人后方打出去，要红军继续进行内线作战，因而也使红军丧失了打破第五次"围剿"的有利战机。蒋介石打败第十九路军后，重新集中兵力从东、西、北三面向中央根据地中心区推进，同时命令粤军在南面对红军进行防堵。临时中央继续坚持错误的战略战术，舍弃运动战和游击战，分兵把口，处处设防，以堡垒对堡垒，搞短促突击，甚至经常轻率地以主力红军对敌人的堡垒阵地发动进攻，同敌人拼消耗，结果是敌人步步推进，红军节节抵御，遭受严重损失。1934年4月下旬，国民党军队集中兵力进攻广昌。博古、李德命令红军同敌人进行决战，以保卫并不利于坚守的广昌。红军各部队英勇奋战，打退敌人数次进攻，但未能摆脱被动局面。4月28日，红军退出广昌。国民党军队占领广昌后，分兵向根据地中心兴国、宁都、石城等地突进，红军又奉命实行"六路分兵""全线防御"，陷于更加被动的局面。广昌失守后，根据地日益缩小，军力、民力、物力消耗巨大，国民党军队加紧对根据地中心地区进行"围剿"。到1934年9月下旬，中央根据地仅存瑞金、会昌、雩都、兴国、宁都、石城、宁化、长汀等县的狭小地区。红军第五次反"围剿"历时一年之久，绝无自主活跃之概，完全处于被动不利地位，最后不得不退出江西根据地，实行战略转移，开始了艰苦卓绝的长征。[①]

[①] 参见《毛泽东选集》第一卷，人民出版社1991年版，第216—220页。

重读《中国革命战争的战略问题》

毛泽东指出,"第一次至第五次反'围剿'时期我军作战的经验,证明处在防御地位的红军,欲打破强大的'进剿'军,反攻的第一个战斗,关系非常之大。第一个战斗的胜败给予极大的影响于全局,乃至一直影响到最后的一个战斗"①。并在总结五次反"围剿"历史经验的基础上,明确地指出,"必须打胜;必须照顾全战役计划;必须照顾下一战略阶段:这是反攻开始,即打第一仗时,不可忘记的三个原则"②。

一是必须打胜。要做好充分准备,必须在敌情、地形、人民等条件都利于我不利于敌的情况下,确有把握而后动手。否则宁可退让,持重待机,不可轻率应战,不计后果。第一次反"围剿"时先想打谭道源,仅因敌不脱离源头那个居高临下的阵地,我军两度开进,却两度忍耐撤回,过了几天找到了好打的张辉瓒。第二次反"围剿"时,我军开进到东固,仅因等待王金钰脱离其富田巩固阵地,宁可冒犯走漏消息的危险,拒绝一切性急快打的建议,迫敌而居,等了25天之久,终于达到了要求。第三次反"围剿"虽是那样急风暴雨的局面,千里回师,又被敌人发觉了我军迂回其侧后的计划,但仍忍耐折回,改用中间突破,终于在莲塘打了第一个好仗。第四次反"围剿"时攻南丰不克,毅然采取了退却步骤,终于转到敌之右翼,集中东韶地区,开始了宜黄南部的大胜仗。只有第五次反"围剿"时全不知初战关系之大,震惊于黎川一城之失,从挽救的企图出发,北上就敌,于洵口不预期遭遇战胜利

---

① 《毛泽东选集》第一卷,人民出版社1991年版,第220页。
② 《毛泽东选集》第一卷,人民出版社1991年版,第222页。

第三章　过程与阶段：预见战争进程、谋划战略步骤

（消灭敌一个师）之后，却不把此战看作第一战，不看此战所必然引起的变化，而贸然进攻不可必胜的硝石。开脚一步就丧失了主动权，真是最蠢最坏的打法。①

二是初战的计划必须是全战役计划的有机的序幕，使初战的胜利成为过程的良好开端。"没有好的全战役计划，绝不能有真正好的第一仗。这就是说，即使初战打了一个胜仗，若这个仗不但不于全战役有利，反而有害时，则这个仗虽胜也只算败了（例如第五次'围剿'时的洵口战斗）。因此在打第一仗之先，必须想到第二、第三、第四以至最后一仗大体上如何打法，我挨次的一仗胜了，敌军全局将起如何变化，假若败了，又将起如何变化。虽结果不见得乃至决不会尽如所期，然而必须依据双方全局，仔细地切实地想明白。没有全局在胸，是不会真的投下一着好棋子的"②。

三是还要想到下一个阶段的文章，从而使过程的推移环环相扣、稳步推进。"若只顾反攻，不顾反攻胜利后，或万一反攻失败后，下文如何做法，依然未尽得战略指导者的责任。战略指导者当其处在一个战略阶段时，应该计算到往后多数阶段，至少也应计算到下一个阶段。尽管往后变化难测，愈远看愈渺茫，然而大体的计算是可能的，估计前途的远景是必要的。那种走一步看一步的指导方式，对于政治是不利的，对于战争也是不利的。走一步应该看那一步的具体变化，据此以修改或发展自己战略战役计划，不这样做，就会弄出冒险直冲的

---

① 参见《毛泽东选集》第一卷，人民出版社 1991 年版，第 220—221 页。
② 《毛泽东选集》第一卷，人民出版社 1991 年版，第 221 页。

错误。然而贯通全战略阶段乃至几个战略阶段的、大体上想通了的、一个长时期的方针，是决不可少的。不这样做，就会弄出迟疑坐困的错误，实际上适合了敌人的战略要求，陷自己于被动地位。须知敌人的统帅部，是具有某种战略眼光的。我们只有使自己操练得高人一等，才有战略胜利的可能。在敌人第五次'围剿'时期'左'倾机会主义路线和张国焘路线的战略指导之所以错误，主要地就在于没有作到这一点。总之，退却阶段时必须计算到反攻阶段，反攻阶段时必须计算到进攻阶段，进攻阶段时又须计算到退却阶段。没有这种计算，束缚于眼前的利害，就是失败之道"[①]。

[①] 《毛泽东选集》第一卷，人民出版社1991年版，第221—222页。

第四章　主观与客观：指导战争要使主观与客观相符合

毛泽东将辩证唯物主义认识论运用于中国革命战争规律与战争指导规律的研究，指出战争指导者必须充分发挥自觉的能动性，坚持理论与实践相统一、主观与客观相符合，既要重视从战争理论中学习战争，更要重视从战争实践中学习战争，深入研究战争规律和战争指导规律，学会在战争大海中的游泳术，做智勇双全的明智的将军，指导中国革命战争赢得胜利。

一、战争规律的客观性与可知性

人类的活动与自然界的运动、人类社会的规律与自然界的规律是有所不同的。人类社会的发展，不是一些盲目的力量自发作用的结果，而是人的有目的有意识的活动的产物，其必然性和规律性是在人类的实践活动中得以生成、展示和实现的。马克思和恩格斯在《神圣家族》一书中指出："历史什么事情也没有做，它'并不拥有任何无穷尽的丰富性'，它并'没有在任何战斗中作战'！创造这一切、拥有这一切并为这一切而斗争的，不是'历史'，而正是人，现实的、活生生的人。'历史'并不是把人当做达到自己目的的工具来利用的某种特殊的人格。历史不过是追求着自己目的的人的活动而已。"①动物的活动是本能的、无意识的、盲目的；人的活动则是自觉的、有意识的、有目的的。马克思曾经说过，"蜘蛛的活动与织工的活动相似，蜜蜂建筑蜂房的本领使人间的许多建筑师感到惭愧。但是，最蹩脚的建筑师从一开始就比最灵巧的蜜蜂高明的地方，是他在用蜂蜡建筑蜂房以前，已经在自己的头脑中把它建成了。劳动过程结束时得到的结果，在这个过程开始时就已经在劳动者的表象中存在着，即已经观念地存在着。他不仅使自然物发生形式变化，同时他还在自然物中实现自己的目的，这个目的是他所知道的，是作为规律决定着他的活动的方式和方法的，他必须使他的意志服从这个目的"②。人们的实践既要遵循"物种的尺度"即客体的尺度，按照客观规律办事；又要遵循内在的尺度即主体的尺度，追求和实现一定的目的，满足自己生存发展的需要。而客体尺度和主体尺度的统一又形成了新的尺度和规律，即"目的的尺度""目的的规律"。"目的的尺度"既是主体的"内在尺度"的表现，是主体的自身需要的自我意识；又是客体的"外在尺度"的表现，是对客观事物及其规律的正确反映。"目的的规律"不仅体现必然性，而且体现应然性。对于人的实践活动来说，"目的的规

---

① 《马克思恩格斯全集》第 2 卷，人民出版社 1957 年版，第 118—119 页。
② 《马克思恩格斯文集》第 5 卷，人民出版社 2009 年版，第 208 页。

律"是一种主动的、积极的力量，它驱动人们进行实践活动，并力图达到某种合乎需要的结果。目的贯穿于实践的全过程，是实践的内在动因，是衔接实践的各个环节、协同实践的各种要素的中心。人们的认识与实践活动，一方面，要在实践的基础上从感性认识上升到理性认识，认识事物的本质和规律；另一方面，要根据对于事物本质和规律的认识以及自身的需要、愿望和利益，形成实践观念，制定纲领路线、方针政策、计划方案、措施办法，从事新的实践。在这里，将作为理性认识的理论转化为实践观念，为理性认识向新的实践飞跃所必需。没有这一转化，一般的理论就缺乏操作性，就无法化为具体的行动。如果说，理论是对于客观事物规律的把握，实践的观念则是对于实践指导规律的构建。客观规律是实践指导规律的基础，实践指导规律则是客观规律在人的主体活动中的实现。

战争是人类历史上最神秘莫测、最变化无常、最错综复杂的现象，战争中敌对双方都力图掩盖自己的作战意图与兵力部署并力求了解对方的情况，战争的进程、战场情况又具有很大的流变性，因而战争充满着大量的偶然性和难以预知的东西。有人否认战争的客观规律的存在，认为战争是无规律可循的，是无客观性可言的，只是对立的力量、意志的对抗和较量。然而，尽管战争中充满着大量的偶然性，敌对双方难以确知对方的所有情况，人们也难以完全把握战争中的一切要素、力量及其相互作用和影响，但了解战争中敌我双方的基本情况，把握战争的基本性质、特点和走向，制定和实施符合实际的战略策略，是必须的也是可能的。《孙子兵法·计篇》说："兵者，诡道也。故能而示之不能，用而示之不用，近而示之远，远而示之近。利而诱之，乱而取之，实而备之，强而避之，怒而挠之，卑而骄之，佚而劳之，亲而离之。攻其无备，出其不意。此兵家之胜，不可先传也。"用兵打仗是一种诡诈的行为。能攻而装作不能攻，要打而装作不要打，要在近处行动而装作要在远处行动，要在远处行动而装作要在近处行动；对于贪利的敌人要用小利引诱它，对于处于混乱状态的敌人要乘机攻取它，对于力量充实的敌人要加倍防备它，对于强大的敌人要暂时避开它，对于易怒的敌人要用挑逗的办法激怒它，对于小心谨慎的敌人要使它骄傲起来，对于休整充分的敌人要设法疲劳它，对于内部和睦的敌人要设法离间它。要在敌人没有准备的状态下实施攻击，在敌人意想不到的情况下采取行动。这些都是军事家取胜的奥秘所在，需要在战争中根据情况灵活运用。因此，用兵打仗要了解与战争有关的各种情况，尤其要了解敌我双方情况，灵活运用各种手段，以取得战争的胜利。《孙子兵法·谋攻篇》说："知彼知己，百战不殆；不知彼而知己，一胜一负；不知彼，不知己，每战必殆。"战争虽然是"诡道"，但这个"道"是可以认识和利用的，"故知兵者，动而不迷，举而不穷。故曰：知彼知己，胜乃不殆；知天知地，胜乃可全"①。

毛泽东在《中国革命战争的战略问题》中坚持马克思主义的辩证唯物主义的认识论，主张用客观的、全面的、联系的、发展的观点研究战争，把握战争规律，并根据战争规律制定作为战争指导规律的战略战术。他指出，"我们承认战争现象是较之任何别的社会现象更难捉摸，更少确实性，即更带所

---

① 《孙子兵法·地形篇》。

谓'盖然性'。但战争不是神物，仍是世间的一种必然运动"①。"军事的规律，和其他事物的规律一样，是客观实际在我们头脑中的反映"②。战争作为一种社会历史现象，尽管情况错综复杂、变动不居，存在着许多偶然性和不确定性，但现象中隐藏着本质，偶然性、流变性中蕴含着必然性、规律性，人们可以在战争中认识战争的本质、规律、内在联系。而认识世界是为了改造世界，认识战争是为了进行战争，认识战争规律是为了制定战争的战略战术，指导和进行战争实践。对于战争的指导是否正确，能否取得战争的胜利，关键在于是否正确地反映了战争的客观规律，并根据对于战争规律的正确认识提出正确的战争指导规律，制定和实施正确的战略战术。战争规律决定着战争指导规律，是战争指导规律的基础；战争指导规律蕴含着战争规律，是以战争规律为根据提出和制定的。战争规律决定着战争的主要形式，决定着战争的战略战术原则，决定着具体的作战形式。经过了一次大革命的政治经济发展不平衡的半殖民地大国、强大的敌人、弱小的红军、土地革命，是中国革命战争的主要特点。这些特点决定着中国红军可能发展和可能战胜敌人，但不能很快发展和很快战胜敌人。在敌我力量对比悬殊、敌强我弱形势短期改变不了的情况下，中国革命战争的主要形式是敌人"围剿"和红军反"围剿"的长期反复；中国革命战争的基本方针是战略上的持久战，实行战略防御的作战形式则主要是运动战。正确把握战争规律并制定正确

---

① 《毛泽东选集》第二卷，人民出版社1991年版，第490页。
② 《毛泽东选集》第一卷，人民出版社1991年版，第181—182页。

的战略战术，对于取得战争的胜利是至关重要的。如果不了解战争实际，不认识战争规律，就不能制定正确的战略战术，因而也就不能指导战争取得胜利。

二、关键在于把主观和客观好好符合起来

毛泽东指出，把主观和客观二者之间好好地符合起来，是多打胜仗、少打或不打败仗的关键。中国共产党之所以要组织红军，是为了使用它去战胜敌人；之所以要学习战争规律，是为了使用这些规律指导战争和进行战争。学习与使用，是同一个认识过程的两个阶段。对于一个具体的战争指导者来说，学习战争规律，是从对于战争的感性认识而能动地上升到理性认识，把握敌对双方的情况和战争的规律；使用战争规律，是从对于战争的理性认识而能动地指导战争实践，即以战争的客观规律为根据，制定和实施战略策略，进行战争实践，达到保存自己、消灭敌人的战争的直接目的以及战争的政治目标。战争与战争规律是客观的真实存在着的东西，是不以人的主观意见、主观意志为转移的；战争指导规律是根据战争规律而制定和实施的。如果认识了战争规律，并根据战争规律的真理性认识制定和实施了正确的战略战术，就会赢得战争的胜利；反之，就会遭受失败。列宁曾经说："人的意识不仅反映客观世界，并且创造客观世界。"[①]"世界不会满足人，人决心以自己

[①] 《列宁专题文集　论辩证唯物主义和历史唯物主义》，人民出版社 2009 年版，第 138 页。

第四章 主观与客观：指导战争要使主观与客观相符合

的行动来改变世界"①。人的意识具有能动性，其不仅能够认识世界，而且能够通过指导人的现实实践而改造世界。但认识世界和改造世界并非易事，往往会经历许多的挫折和失败。而经受挫折和失败的认识论的原因，或者是没能客观如实地反映客观世界并据此制订正确的行动计划，或者是否认事物及其规律的客观实在性，单凭主观愿望、主观想象去处理问题，或者是把理论变成空洞的教条照抄照搬，或者是把局部的经验当成普遍的真理而到处硬套。一句话，就是主观与客观相分裂，理论与实际相脱离。正如列宁所说，"（人的活动的）目的未完成的原因……是：把实在当做不存在的东西……不承认它（实在）的客观的现实性"②。"人的意志、人的实践，本身之所以会妨碍达到自己的目的……就是由于把自己和认识分隔开来，由于不承认外部现实是真实存在着的东西（是客观真理）。必须把认识和实践结合起来"③。研究和指导战争，也必须做到主观与客观相符合、理论与实践相统一。毛泽东说，"学习不是容易的事情，使用更加不容易。战争的学问拿在讲堂上，或在书本中，很多人尽管讲得一样头头是道，打起仗来却有胜负之分"④。对于战争与军事的一般原则，要根据具体情况来创造性地灵活地运用，不能机械地刻板地死用原则。有的人只是

---

① 《列宁专题文集 论辩证唯物主义和历史唯物主义》，人民出版社2009年版，第138页。
② 《列宁专题文集 论辩证唯物主义和历史唯物主义》，人民出版社2009年版，第139页。
③ 《列宁专题文集 论辩证唯物主义和历史唯物主义》，人民出版社2009年版，第139页。
④ 《毛泽东选集》第一卷，人民出版社1991年版，第178页。

重读《中国革命战争的战略问题》

纸上谈兵，并无指导战争的实践经验，不了解敌对双方的基本特点和情况，不进行实地的调查研究，也没有将纸面上的理论的东西与现实的战争实践相结合，只是照搬照抄书本上的条例条令或别人的办法，只能在战争中招致失败。"军事的规律，和其他事物的规律一样，是客观实际在我们头脑中的反映，除了我们的头脑以外，一切都是客观实际的东西。因此，学习和认识的对象，包括敌我两方面，这两方面都应该看成研究的对象，只有我们的头脑（思想）才是研究的主体。有一种人，明于知己，暗于知彼，又有一种人，明于知彼，暗于知己，他们都是不能解决战争规律的学习和使用的问题的。中国古代大军事学家孙武子书上'知彼知己，百战不殆'这句话，是包括学习和使用两个阶段而说的，包括从认识客观实际中的发展规律，并按照这些规律去决定自己行动克服当前敌人而说的；我们不要看轻这句话"[①]。解决战争指导问题的关键，就是要把理论与实际、认识与实践、主观与客观统一起来，熟悉敌我双方各方面的情况，把握战争的客观规律，并据此找出行动的规律，即战争指导规律，并将这种行动的规律、战争指导规律运用于战争实践。毛泽东说："我们不能要求事实上的常胜将军，这是从古以来就很少的。我们要求在战争过程中一般地打胜仗的勇敢而明智的将军——智勇双全的将军。要达到智勇双全这一点，有一种方法是要学的，学习的时候要用这种方法，使用的时候也要用这种方法。"这种方法"就是熟识敌我双方各方面的情况，找出其行动的规律，并且应用这些规律于自己

[①] 《毛泽东选集》第一卷，人民出版社1991年版，第181—182页。

第四章　主观与客观：指导战争要使主观与客观相符合

的行动"①。

毛泽东深刻指出了主观上之所以会犯错误的认识论根源，这就是主观与客观相分裂，主观的认识和主观的指导与客观实际不符合。他说，"为什么主观上会犯错误呢？就是因为战争或战斗的部署和指挥不适合当时当地的情况，主观的指导和客观的实在情况不相符合，不对头，或者叫做没有解决主观和客观之间的矛盾。人办一切事情都难免这种情形，有比较地会办和比较地不会办之分罢了。事情要求比较地会办，军事上就要求比较地多打胜仗，反面地说，要求比较地少打败仗。这里的关键，就在于把主观和客观二者之间好好地符合起来"②。他举例说，"攻击点选在敌人阵地的某一翼，而那里正是敌人的薄弱部，突击因而成功，这叫做主观和客观相符合，也就是指挥员的侦察、判断和决心，和敌人及其配置的实在情形相符合。如果攻击点选在另一翼，或中央，结果正碰在敌人的钉子上，攻不进去，就叫做不相符合。攻击时机的适当，预备队使用的不迟不早，以及各种战斗处置和战斗动作都利于我不利于敌，便是整个战斗中主观指挥和客观情况统统相符合。统统相符合的事，在战争或战斗中是极其少有的，这是因为战争或战斗的双方是成群的武装着的活人，而又互相保持秘密的缘故，这和处置静物或日常事件是大不相同的。然而只要做到指挥大体上适合情况，即在有决定意义的部分适合情况，那就是胜利的基础了"③。

---

①　《毛泽东选集》第一卷，人民出版社 1991 年版，第 178 页。
②　《毛泽东选集》第一卷，人民出版社 1991 年版，第 179 页。
③　《毛泽东选集》第一卷，人民出版社 1991 年版，第 179 页。

三、在实践基础上实现主观与客观相符合

做到主观与客观相符合、认识与实践相统一,是做好事情、打赢战争的关键。但实现主观与客观相符合,并不是消极被动的直观,而是以实践为基础的能动的辩证的过程,是一个由实践到认识、由认识到实践的过程,即在实践的基础上由感性认识到理性认识、再由理性认识到能动实践的过程,是一个调查研究、准确判断、科学决策、正确部署并在实施过程中检验、修正、丰富原有认识的过程。

要正确地指导战争,必须通过侦察了解情况,作出判断,定下决心,作出部署。这大体相当于在实践的基础上由感性认识到理性认识并进而将思想理论转变为战略策略、计划方案的阶段。毛泽东指出,"指挥员的正确的部署来源于正确的决心,正确的决心来源于正确的判断,正确的判断来源于周到的和必要的侦察,和对于各种侦察材料的联贯起来的思索。指挥员使用一切可能的和必要的侦察手段,将侦察得来的敌方情况的各种材料加以去粗取精、去伪存真、由此及彼、由表及里的思索,然后将自己方面的情况加上去,研究双方的对比和相互的关系,因而构成判断,定下决心,作出计划,——这是军事家在作出每一个战略、战役或战斗的计划之前的一个整个的认识情况的过程"[①]。"任何军事计划,是应该建立于必要的侦

[①] 《毛泽东选集》第一卷,人民出版社1991年版,第179—180页。

第四章　主观与客观：指导战争要使主观与客观相符合

察和敌我情况及其相互关系的周密思索的基础之上"①。在这一阶段中，首先要进行周密侦察，充分了解情况，这是认识战争的第一步，是进行判断以及定决心、作计划的基础和前提。没有周密细致的调查研究，不了解实际情况，不认识客观规律，也就不可能有正确的决策。调查研究是实事求是的根本途径和方法，是达到主观和客观统一的桥梁，是进行科学决策的基础，是认识世界和改造世界的重要环节。要通过调查研究获得正确的认识，以求正确决策，还要有正确的态度和方法。如果调查方法是错误的，就不能达到目的。不做调查没有发言权，不做正确的调查更没有发言权，也就更没有决策权。毛泽东一贯重视调查研究在战略领导中的地位，他对调查研究曾作出了很多重要论述。他在《反对本本主义》一文中指出，"没有调查，没有发言权"②。"共产党的正确而不动摇的斗争策略，决不是少数人坐在房子里能够产生的，它是要在群众的斗争过程中才能产生的，这就是说要在实际经验中才能产生。因此，我们需要时时了解社会情况，时时进行实际调查"，"中国革命斗争的胜利要靠中国同志了解中国情况"。③ 而"调查就像'十月怀胎'，解决问题就像'一朝分娩'。调查就是解决问题"④，"你对于那个问题不能解决吗？那末，你就去调查那个问题的现状和它的历史吧！你完完全全调查明白了，你对那个问题就有解决的办法了。一切结论产生于调查情况的末尾，而

---

① 《毛泽东选集》第一卷，人民出版社1991年版，第180页。
② 《毛泽东选集》第一卷，人民出版社1991年版，第109页。
③ 《毛泽东选集》第一卷，人民出版社1991年版，第115页。
④ 《毛泽东选集》第一卷，人民出版社1991年版，第110—111页。

不是在它的先头"①。毛泽东从来反对离开中国社会和中国革命实际去研究马克思主义，从来反对不做调查研究、脱离客观实际、单凭主观想象和主观愿望而盲目决策，总是主张做系统周密的调查研究，据此制定战略策略、方针政策，并在实践中检验、完善这些战略策略、方针政策。毛泽东关于"工农武装割据""农村包围城市"的思想，关于土地革命的政策，关于红军反"围剿"作战中积极防御的战略战术，都是在深入进行调查研究、深刻总结实践经验的基础上提出来的。

深入实际调查研究，对于战争指导者来说，首先，要了解敌我双方经济、政治、军事、文化、外交、国土、人口、资源等各个方面的情况。"经验多的军人，假使他是虚心学习的，他摸熟了自己的部队（指挥员、战斗员、武器、给养等等及其总体）的脾气，又摸熟了敌人的部队（同样，指挥员、战斗员、武器、给养等等及其总体）的脾气，摸熟了一切和战争有关的其他的条件如政治、经济、地理、气候等等，这样的军人指导战争或作战，就比较地有把握，比较地能打胜仗。这是在长时间内认识了敌我双方的情况，找出了行动的规律，解决了主观和客观的矛盾的结果。这一认识过程是非常重要的，没有这一种长时间的经验，要了解和把握整个战争的规律是困难的。做一个真正能干的高级指挥员，不是初出茅庐或仅仅善于在纸上谈兵的角色所能办到的，必须在战争中学习才能办得到。"② 其次，要深入分析，理性思考，对于通过侦察获得的

---

① 《毛泽东选集》第一卷，人民出版社1991年版，第110页。
② 《毛泽东选集》第一卷，人民出版社1991年版，第180—181页。

敌方的各种材料加以筛选、甄别，进行去粗取精、去伪存真、由此及彼、由表及里的改造制作和分析、思索，并将敌我双方的基本情况综合考量，发现敌我双方相互矛盾的因素及其特点，对于战争双方力量对比、战争发展趋势与过程阶段作出判断。最后，要定下战略决心，提出战略构想，制订战略计划，作出战略部署。

要正确地指导战争，必须坚决落实战略部署，并在战略实施过程中检验、调整战略，根据新的情况、新的经验修正、补充、丰富原有的认识。毛泽东指出，"认识情况的过程，不但存在于军事计划建立之前，而且存在于军事计划建立之后。当执行某一计划时，从开始执行起，到战局终结止，这是又一个认识情况的过程，即实行的过程。此时，第一个过程中的东西是否符合于实况，需要重新加以检查。如果计划和情况不符合，或者不完全符合，就必须依照新的认识，构成新的判断，定下新的决心，把已定计划加以改变，使之适合于新的情况。部分地改变的事差不多每一作战都是有的，全部地改变的事也是间或有的。鲁莽家不知改变，或不愿改变，只是一味盲干，结果又非碰壁不可"①。认识世界是为了改造世界。主观与客观的统一，既表现为主观认识符合客观实际的观念统一，又表现为人们在实践中改造客观世界、使客观世界发生既合规律又合目的的变化的现实的统一。马克思主义认为一个十分重要的问题，不仅在于获得了对于客观世界规律性的认识，因而能够解释世界，更在于运用这种对于客观世界规律性的认识，能动

---

① 《毛泽东选集》第一卷，人民出版社 1991 年版，第 180 页。

地改造世界。只有经过由理性认识到革命实践的飞跃，才能达到认识的目的，才能在新的实践中检验、修正、丰富、发展原有的认识。对于战争指导者来说，研究战争是为了指导战争，制定战略战术是为了运用战略战术，因此，了解情况，进行判断，定下决心，制订计划之后，还要将这个计划付诸实施，战胜敌人，赢得胜利。在实践基础上从感性认识到理性认识，再由理性认识到新的实践，是一个复杂而困难的过程。由于战争情况的复杂性和变动性，战争指导者的认识完全符合客观实际的事是很少见的，不完全符合的事是经常发生的，完全不符合的事也是有的。这就需要战争指导者要更加重视对于敌我双方情况的调查研究，更加审慎地进行战略分析、战略判断、战略计划、战略部署，并在贯彻落实战略部署过程中及时根据新的情况、新的经验、新的认识进行战略调整，使自己的认识和行动更加符合客观实际。

对于一个具体的战争、战役、战斗及其指导者来说，当认识了其规律并据此制定和实施了计划、方案、战略、战术，并赢得了胜利，这个认识过程就算完成了。但对于整个人类社会的战争乃至整个客观世界的认识而言，则是一个实践、认识、再实践、再认识的循环往复、不断深化的过程。人们对于客观事物的认识往往不是一次完成的，需要从实践到认识再从认识到实践多次的反复才能完成。中国共产党人对于中国革命和中国革命战争规律的认识，就是在经历许多挫折和失败、经过实践与认识的多次反复才获得的。毛泽东在1962年扩大的中央工作会议上说："人对客观世界的认识，由必然王国到自

第四章　主观与客观：指导战争要使主观与客观相符合

由王国的飞跃，要有一个过程。"① "从党的建立到抗日时期，中间有北伐战争和十年土地革命战争。我们经过了两次胜利，两次失败。北伐战争胜利了，但是到一九二七年，革命遭到了失败。土地革命战争曾经取得了很大的胜利，红军发展到三十万人，后来又遭到挫折，经过长征，这三十万人缩小到两万多人，到陕北以后补充了一点，还是不到三万人，就是说，不到三十万人的十分之一。究竟是那三十万人的军队强些，还是这不到三万人的军队强些？我们受了那样大的挫折，吃过那样大的苦头，就得到锻炼，有了经验，纠正了错误路线，恢复了正确路线，所以这不到三万人的军队，比起过去那个三十万人的军队来，要更强些。……在民主革命时期，经过胜利、失败、再胜利、再失败，两次比较，我们才认识了中国这个客观世界。在抗日战争前夜和抗日战争时期，我写了一些论文，例如《中国革命战争的战略问题》、《论持久战》、《新民主主义论》、《〈共产党人〉发刊词》，替中央起草过一些关于政策、策略的文件，都是革命经验的总结。那些论文和文件，只有在那个时候才能产生，在以前不可能，因为没有经过大风大浪，没有两次胜利和两次失败的比较，还没有充分的经验，还不能充分认识中国革命的规律"②。对于社会主义建设规律的认识也是一个过程，从没有经验到有经验，从有较少的经验到有较多的经验，从建设社会主义这个未被认识的必然王国到逐步地克服盲目性、认识客观规律、从而获得自由，在认识上出现一

---

① 《毛泽东文集》第八卷，人民出版社 1999 年版，第 298 页。
② 《毛泽东文集》第八卷，人民出版社 1999 年版，第 299 页。

个飞跃,到达自由王国。

四、从战争中学习战争是认识战争规律的主要方法

中国革命和中国革命战争有胜利和成功的经验,也经历了许多挫折和失败。之所以遭受挫折和失败,除了知识不足、经验不够外,从根本上是由于教条主义者不了解中国实际,不尊重中国革命经验,照搬照抄马克思主义的词句和外国革命的经验,因而在实践中遭到严重挫折和失败。为了反对教条主义,把马克思主义与中国实际紧密结合起来,并在中国革命实践中运用、检验、发展战争的一般理论和原则,毛泽东强调战争实践对于认识战争和指导战争的基础性地位。

毛泽东强调从战争中学习战争,是认识战争规律的最主要的方法。他指出,"读书是学习,使用也是学习,而且是更重要的学习。从战争学习战争——这是我们的主要方法。没有进学校机会的人,仍然可以学习战争,就是从战争中学习。革命战争是民众的事,常常不是先学好了再干,而是干起来再学习,干就是学习。从'老百姓'到军人之间有一个距离,但不是万里长城,而是可以迅速地消灭的,干革命,干战争,就是消灭这个距离的方法。说学习和使用不容易,是说学得彻底,用得纯熟不容易。说老百姓很快可以变成军人,是说此门并不难入。把二者总合起来,用得着中国一句老话:'世上无难事,只怕有心人。'入门既不难,深造也是办得到的,只要

第四章 主观与客观：指导战争要使主观与客观相符合

有心,只要善于学习罢了"①。毛泽东曾经说,他从来没有想到自己去搞军事,去指挥打仗。后来自己带起队伍打起仗来,上了井冈山。在井冈山先打了一个小胜仗,接着又打了两个大败仗。于是就总结经验,形成了游击战的十六字诀——"敌进我退,敌驻我扰,敌疲我打,敌退我追"。毛泽东本人之所以能够成为一个伟大的战略家、军事家,最主要的是他经历了革命战争的实践,积累了丰富的指挥革命战争的经验,并非常珍视和善于总结这些经验,而不是因为他读了多少兵法书,更不是像有些人说的那样靠《孙子兵法》和《三国演义》指挥打仗。毛泽东曾引证《史记》中关于赵括"纸上谈兵"的故事,说明只有书本知识而没有实际经验是不行的。战国初期,赵国名将赵奢的儿子赵括,自幼喜读兵书,谈起兵法头头是道,连他的父亲都难不倒他。但赵奢认为赵括知道的只是空洞的理论,而没有指挥作战的能力和经验,因而不能当大将。后来秦国攻赵,赵括接受兵权,打起仗来照搬兵书,结果被秦军围困,赵国的40万大军全军覆没,赵括自己也被射死。认识战争规律,离不开战争实践。"没有这一种长时间的经验",要了解和把握整个战争的规律是困难的。"做一个真正能干的高级指挥员,不是初出茅庐或仅仅善于在纸上谈兵的角色所能办到的,必须在战争中学习才能办得到"②。而人们对于战争规律的认识是否符合实际,战略战术、作战意图、计划方案是否正确,也必须回到战争实践中去检验,而不能以是否符合书

---

① 《毛泽东选集》第一卷,人民出版社1991年版,第181页。
② 《毛泽东选集》第一卷,人民出版社1991年版,第181页。

重读《中国革命战争的战略问题》

本上的词句为准则。

　　毛泽东强调在战争中学习战争，高度重视总结自身战争经验和借鉴他人的战争经验，反对脱离实际、脱离实践的教条主义；同时也高度重视马克思主义理论与方法的指导，重视军事理论的学习和运用，反对否定马克思主义的普遍指导意义、否定学习运用一般军事理论必要性的经验主义。他鲜明指出，"我们的眼力不够，应该借助于望远镜和显微镜。马克思主义的方法就是政治上军事上的望远镜和显微镜"①。"一切带原则性的军事规律，或军事理论，都是前人或今人做的关于过去战争经验的总结。这些过去的战争所留给我们的血的教训，应该着重地学习它"②。正确的军事理论作为过去战争经验与教训的科学总结与概括提炼，反映了战争规律，对于研究与指导战争，具有重要的指导意义。"经验对于干部是必需的，失败确是成功之母，但是虚心接受别人的经验也属必需，如果样样要待自己经验，否则固执己见拒不接受，这就是十足的'狭隘经验论'"③。而学习和运用作为前人战争经验总结与提升的军事理论，必须反对盲目服从和照搬照抄，要紧密联系客观实际，密切结合当下进行的战争实践，"从自己经验中考证这些结论，吸收那些用得着的东西，拒绝那些用不着的东西，增加那些自己所特有的东西。这后一件事是十分重要的，不这样做，我们就不能指导战争"④。

---

① 《毛泽东选集》第一卷，人民出版社1991年版，第212页。
② 《毛泽东选集》第一卷，人民出版社1991年版，第181页。
③ 《毛泽东选集》第一卷，人民出版社1991年版，第213—214页。
④ 《毛泽东选集》第一卷，人民出版社1991年版，第181页。

第四章　主观与客观：指导战争要使主观与客观相符合

任何战争，都是敌对双方的主观因素和客观因素的较量。"战争的胜负，主要地决定于作战双方的军事、政治、经济、自然诸条件，这是没有问题的。然而不仅仅如此，还决定于作战双方主观指导的能力。军事家不能超过物质条件许可的范围外企图战争的胜利，然而军事家可以而且必须在物质条件许可的范围内争取战争的胜利。军事家活动的舞台建筑在客观物质条件的上面，然而军事家凭着这个舞台，却可以导演出许多有声有色威武雄壮的活剧来"①。具备了一定的客观物质条件，只是具有了战争胜利的可能性，但要把这种可能性变为现实，还必须加上主观努力，必须依靠战争指导者和实行者的自觉能动性的充分发挥。"战争是力量的竞赛，但力量在战争过程中变化其原来的形态。在这里，主观的努力，多打胜仗，少犯错误，是决定的因素。客观因素具备着这种变化的可能性，但实现这种可能性，就需要正确的方针和主观的努力。这时候，主观作用是决定的了。"② 要做智勇双全的将军，就必须充分发挥主观能动性，"熟识敌我双方各方面的情况，找出其行动的规律，并且应用这些规律于自己的行动"③。"我们红军的指导者，在既定的客观物质基础即军事、政治、经济、自然诸条件之上，就必须发挥我们的威力，提挈全军，去打倒那些民族的和阶级的敌人，改变这个不好的世界。这里就用得着而且必须用我们的主观指导的能力。我们不许可任何一个红军指挥员变为乱撞乱碰的鲁莽家；我们必须提倡每个红军指挥员变为勇敢

---

① 《毛泽东选集》第一卷，人民出版社 1991 年版，第 182 页。
② 《毛泽东选集》第二卷，人民出版社 1991 年版，第 487 页。
③ 《毛泽东选集》第一卷，人民出版社 1991 年版，第 178 页。

而明智的英雄,不但有压倒一切的勇气,而且有驾驭整个战争变化发展的能力。指挥员在战争的大海中游泳,他们不使自己沉没,而要使自己决定地有步骤地达到彼岸。指导战争的规律,就是战争的游泳术"①。

---

① 《毛泽东选集》第一卷,人民出版社1991年版,第182—183页。

第五章　具体分析具体情况：中国革命战争的特点与战略战术

毛泽东指出，中国共产党要领导中国革命取得胜利，"不但需要一个马克思主义的正确的政治路线，而且需要一个马克思主义的正确的军事路线"①。他转述列宁的话说："马克思主义的最本质的东西，马克思主义的活的灵魂，就在于具体地分析具体的情况。"② 要制定指导中国革命和中国革命战争的正确的政治路线和军事路线，就要运用马克思主义的理论与方法研究中国革命和中国革命战争，深刻认识和把握中国革命和中国革命战争的特点与规律，就要深刻总结中国革命和中国革命战争的经验，就要同主观主义特别是教条主义进行坚决的斗争。"历史告诉我们，正确的政治的和军事的路线，不是自然

---

① 《毛泽东选集》第一卷，人民出版社1991年版，第186页。
② 《毛泽东选集》第一卷，人民出版社1991年版，第187页。列宁在《共产主义》一文中批评匈牙利共产党员库恩·贝拉说："他忽略了马克思主义的精髓，马克思主义的活的灵魂：对具体情况作具体分析。"参见《列宁专题文集　论马克思主义》，人民出版社2009年版，第293页。

重读《中国革命战争的战略问题》

地平安地产生和发展起来的,而是从斗争中产生和发展起来的。一方面,它要同'左'倾机会主义作斗争,另一方面,它又要同右倾机会主义作斗争。不同这些危害革命和革命战争的有害的倾向作斗争,并且彻底地克服它们,正确路线的建设和革命战争的胜利,是不可能的"[①]。中国共产党自成立以来,在领导中国革命和中国革命战争的伟大实践中,在同外部强大的敌人和内部的主观主义特别是教条主义的斗争中,在总结中国革命和中国革命战争经验的基础上,已经锻炼出来了这样的政治路线和军事路线。在抗日战争的新的阶段,根据新的环境,更加充实、丰富和发展这样的政治路线和军事路线,用以指导中国革命和中国革命战争,就能够达到战胜民族敌人的目的。在《中国革命战争的战略问题》中,毛泽东着意强调中国共产党是中国革命和中国革命战争的领导者,深刻分析中国革命战争的特点与规律,深入探讨中国革命战争的指导规律,系统阐述了中国革命战争的战略战术,为中国共产党人领导即将到来的全民族抗日战争,做了理论准备和战略准备。

一、中国共产党是中国革命战争的领导者

近代以后的中国,在西方帝国主义和殖民主义发动的侵华战争中逐步成为半殖民地半封建社会,陷于日益深重的灾难之中。求得民族独立和人民解放,实现国家富强和人民幸福,成

---

① 《毛泽东选集》第一卷,人民出版社 1991 年版,第 186 页。

第五章　具体分析具体情况：中国革命战争的特点与战略战术

为近代中国的两大历史任务。中国共产党自诞生以来，就肩负起为中国人民谋幸福、为中华民族谋复兴的历史重任，在把马克思主义与中国实际相结合的过程中，艰辛探索中国革命的道路，领导人民进行了不屈不挠的斗争。从 1924 年开始的中国革命战争，无论是 1924 年至 1927 年的大革命和 1927 年至 1936 年的土地革命战争，还是抗日民族革命战争，都是中国无产阶级及其政党中国共产党所领导的。

中国无产阶级及其政党的本质特点决定了中国革命战争必须由中国共产党来领导。毛泽东指出，中国革命战争的主要敌人是帝国主义和封建势力。中国资产阶级虽然在某种历史时机可以参加革命战争，然而由于其自私自利性和政治上经济上缺乏独立性，不愿意也不能领导中国革命战争走上彻底胜利的道路。中国农民和城市小资产阶级愿意积极参加革命战争并愿意使战争得到彻底胜利，他们是革命战争的主力军。但他们的小生产的特点使其政治眼光受到限制，因而不能成为中国革命战争的正确的领导者。在半殖民地的中国的社会各阶层和各种政治集团中，只有无产阶级和中国共产党最没有狭隘性和自私自利性，最有远大的政治眼光和最有组织性，而且也最能虚心接受世界上先进的无产阶级及其政党的经验而用之于自己的事业。在无产阶级已经走上政治舞台的时代，中国革命战争的领导责任就不得不落到中国共产党肩上。只有无产阶级和中国共产党能够领导农民、城市小资产阶级和资产阶级，克服农民和小资产阶级的狭隘性，克服失业者群的破坏性，并且还能够克服资产阶级的动摇和不彻底性，而使革命和战争走上胜利的道路。如果没有或违背无产阶级和中国共产党的领导，任何革命战争是一定要失败的。

两次革命战争的历史充分说明，中国革命战争必须由中国共产党来领导。第一次国内革命战争，基本上是在国际无产阶级和中国无产阶级及其政党对于中国民族资产阶级及其政党的政治影响和政治合作之下进行的。在革命和战争的紧急关头，首先由于大资产阶级的叛变，同时也由于革命队伍中机会主义者自动放弃革命领导权，致使这次革命战争失败了。第二次国内革命战争即土地革命战争是在新的情况下进行的，战争的敌人不但是帝国主义，而且是大资产阶级和大地主的联盟。民族资产阶级则做了大资产阶级的尾巴。领导这个革命战争的唯有中国共产党，中国共产党已经形成了对于革命战争的绝对的领导权，这是使革命战争坚持到底的最主要的条件。没有中国共产党的这种绝对的领导，就不能坚持革命战争。

中国共产党为了人民利益和自由解放所进行的英勇斗争表明自己是中国革命战争的坚强领导者。中国共产党英勇坚决地领导了中国的革命战争，为了保护人民的利益，为了人民的自由解放，站在革命战争的最前线，用实际行动表明自己是中国人民的朋友；中国共产党以自己艰苦奋斗的经历，以几十万英勇党员和几万英勇干部的流血牺牲，在全民族几万万人中间起了伟大的教育作用。中国共产党在革命斗争中的伟大历史成就，使得处在民族敌人侵入的紧急关头的中国有了救亡图存的条件，这个条件就是有了一个为大多数人民所信任的、被人民在长时间内考验过因此选中了的政治领导者。没有中国共产党的艰苦奋斗和坚强领导，就不可能挽救新的亡国危险。

中国共产党在革命战争中历经磨难、挫折和失败，锻炼得更加坚强有力,并在同"左"倾机会主义和右倾机会主义斗争中形成和发展了正确的政治路线和军事路线。在革命战争中,我们党犯过陈独秀右倾机会主义错误和李立三"左"倾机会主义错误。1931年至1934年"左"倾机会主义错误,使得土地革命战争受到了极端严重的损失,并最终导致了第五次反"围剿"失败,丧失了根据地,削弱了红军,几乎使党、红军和中国革命陷入绝境。这个错误在1935年1月扩大的中央政治局会议即遵义会议上得到了纠正。1935年至1936年发生了张国焘的右倾机会主义错误,这个错误发展到破坏了党和红军的纪律,使一部分红军主力遭受了严重的损失。然而由于中央的正确领导,红军中党员和指挥员、战斗员的觉悟,终于也把这个错误纠正过来了。所有这些错误对于我们的党、革命和战争当然是不利的,然而终于被我们克服,我们的党和我们的红军是从对这些错误的克服中锻炼得更加坚强有力。

中国共产党领导了而且继续领导着轰轰烈烈的光荣的胜利的革命战争。这个战争不但是解放中国的旗帜,而且具有国际的革命意义。在新的抗日民族革命战争阶段,中国共产党将引导中国革命走向完成,也将给东方和世界的革命以深刻的影响。

二、科学分析中国革命战争的基本特点

马克思主义是矛盾的普遍性与特殊性、共性与个性、理论与实际的统一论者。我们既要研究矛盾的普遍性,认识事物发展变化的普遍原因和普遍根据;又要研究矛盾的特殊性,弄清事

物变化发展的特殊原因和特殊根据。既要尊重作为实践经验之总结概括与提炼凝结的战争与军事理论，把握战争的一般规律；又要根据中国革命和中国革命战争实际及其需要，有所选择地运用这些理论去研究中国革命和中国革命战争的独有特点与特殊规律，制定符合中国革命和中国革命战争实际的指导规律、战略战术，正确地领导中国革命和中国革命战争，引导中国革命和中国革命战争走向胜利。在认识矛盾普遍性的同时高度重视认识矛盾的特殊性，在认识矛盾共同点的同时高度重视认识矛盾的特殊点，把普遍性与特殊性、共性与个性、理论与实际有机结合起来，具体地分析具体的情况，探索中国革命和中国革命战争的独特道路与战略战术，是中国共产党人在长期实践中形成的基本经验，是毛泽东在《中国革命战争的战略问题》中研究中国革命战争特点，总结中国革命战争经验，批判主观主义特别是教条主义，制定中国革命战争战略战术的重要方法。

毛泽东强调指出，"不了解中国革命战争的特点，就不能指导中国革命战争，就不能引导中国革命战争走上胜利的途径"[①]。列宁、斯大林领导的苏联内战的经验具有世界性意义，但中国革命战争有其不同于苏联内战的特点，不能不估计到或否认这些特点而机械地运用这个经验。无论是照搬照抄一般战争指导规律，还是照搬照抄苏联内战的经验，或毫无改变地照搬照抄自己在过去指导战争时的经验，都是错误的。我们的敌人也曾犯过类似的错误。他们不承认和红军作战需要有和

---

① 《毛泽东选集》第一卷，人民出版社1991年版，第187页。

第五章　具体分析具体情况：中国革命战争的特点与战略战术

其他作战不同的战略和战术，而是依仗其各方面的优势，轻视红军，长驱直入，分兵进攻，招致了四次"进剿"的失败。红军则采取积极防御战略，采取诱敌深入、集中兵力、在运动中歼灭敌人的方法，粉碎了敌人的四次"围剿"。在国民党军队中，柳维垣、戴岳提出要改变对于红军"进剿"的战略战术，施行新的军事原则，并被蒋介石采纳，这就是碉堡推进、步步为营的"堡垒政策"。然而，当敌人改变其军事原则使之适合于同红军作战时，我们队伍中却出现了回到"老套"的人们。"他们主张回到一般情况的方面去，拒绝了解任何的特殊情况，拒绝红军血战史的经验，轻视帝国主义和国民党的力量，轻视国民党军队的力量，对敌人采用的反动的新原则视若无睹"①。搞阵地战、堡垒战、消耗战，反对必要的战略退却，主张"御敌于国门之外"，结果是丧失了除陕甘边区以外的一切革命根据地，使红军由30万人降到了几万人，使中国共产党由30万名党员降到了几万名党员，而在国民党区域的党组织几乎全部丧失，受到了一次极大的历史性的惩罚。教条主义者忘记了具体问题具体分析这一马克思主义的最本质的东西和活的灵魂，虽然自称为马克思列宁主义者，其实一点马克思列宁主义也没有学到。

研究战争要"着眼其特点和着眼其发展"。研究中国革命战争，也要着眼其特点和发展，把握中国革命战争规律以及中国革命战争指导规律，制定符合中国革命战争实际的战略战术。在《中国革命战争的战略问题》中，毛泽东指出，中国

---

① 《毛泽东选集》第一卷，人民出版社1991年版，第187页。

重读《中国革命战争的战略问题》

革命战争有以下四个主要特点。

第一,"中国是一个政治经济发展不平衡的半殖民地的大国,而又经过了一九二四年至一九二七年的革命"①。这个特点决定了中国革命战争有发展和胜利的可能性。1927年冬天至1928年春天,中国游击战争发生不久,在湖南、江西两省边界区域的井冈山,有人提出"红旗到底打得多久"的疑问。"这是一个最基本的问题,不答复中国革命根据地和中国红军能否存在和发展的问题,我们就不能前进一步"②。1928年5月,在江西省宁冈县茅坪召开的中国共产党湘赣边界第一次代表大会,分析了当时的政治形势,讨论了发展党的组织、深入土地革命、巩固和扩大红军及革命根据地等项任务,初步回答了红军中有些人提出的"红旗到底打得多久"的疑问,选出了以毛泽东为书记的中共湘赣边界特别委员会,促进了井冈山革命根据地的发展。1928年6月18日至7月11日,中国共产党第六次全国代表大会在莫斯科举行,又对这个问题作了进一步的答复。这次大会肯定了中国社会仍旧是半殖民地半封建社会,中国革命依然是资产阶级民主革命,指出当时的政治形势是在两个革命高潮之间和革命发展是不平衡的,党的总任务不是进攻,而是争取群众。会议在批判右倾机会主义的同时,特别指出党内最主要的危险倾向是脱离群众的盲动主义、军事冒险主义和命令主义。毛泽东指出,"中国革命运动,从此就有了正确的理论基础"③。

---

① 《毛泽东选集》第一卷,人民出版社1991年版,第188页。
② 《毛泽东选集》第一卷,人民出版社1991年版,第188页。
③ 《毛泽东选集》第一卷,人民出版社1991年版,第188页。

第五章　具体分析具体情况：中国革命战争的特点与战略战术

1928年10月5日，毛泽东在为中共湘赣边界第二次代表大会写的决议中，分析了国内的政治状况，指出国民党新军阀的统治依然是城市买办阶级和乡村豪绅阶级的统治，对外投降帝国主义，对内以新军阀代替旧军阀，对工农阶级的经济剥削和政治压迫比从前更加厉害。中国内部各派军阀的矛盾和斗争，反映着帝国主义各国的矛盾和斗争。中国迫切需要一个资产阶级的民主革命，这个革命必须由无产阶级领导才能完成。中国的民主革命的内容，包括推翻帝国主义及其工具军阀在中国的统治，完成民族革命，并实行土地革命，消灭豪绅阶级对农民的封建的剥削。在分析中国红色政权发生和存在的原因时，毛泽东指出，一国之内，在四围白色政权的包围中红色政权的区域长期地存在，这是世界各国从来没有的事。这种奇事的发生，有其独特的原因。而其存在和发展，亦必有相当的条件。一是它的发生不能在任何帝国主义的国家，也不能在任何帝国主义直接统治的殖民地，必然是在帝国主义间接统治的经济落后的半殖民地的中国。因为这种奇怪现象必定伴着另一件奇怪现象，即白色政权之间的战争。帝国主义和国内买办豪绅阶级支持着的各派新旧军阀相互间进行着继续不断的战争，这是半殖民地中国的特征之一。这种现象产生的原因有两种，即地方的农业经济（不是统一的资本主义经济）和帝国主义划分势力范围的分裂剥削政策。因为有了白色政权间的长期的分裂和战争，便给了一种条件，使一小块或若干小块共产党领导的红色区域能够在四围白色政权包围中发生和坚持下来。有些同志在困难和危急的时候，往往怀疑这样的红色政权的存在，而发生悲观的情绪。这是没有找出这种红色政权所以发生和存

重读《中国革命战争的战略问题》

在的正确的解释的缘故。我们只须知道中国白色政权的分裂和战争是继续不断的,则红色政权的发生、存在并且日益发展,便是无疑的了。二是中国红色政权首先发生和能够长期存在的地方,不是那种并未经过民主革命影响的地方,而是在1926年和1927年两年资产阶级民主革命过程中工农兵士群众曾经大大地起来过的地方。三是小地方民众政权之能否长期地存在,则决定于全国革命形势是否向前发展这一个条件。全国革命形势是向前发展的,则小块红色区域的长期存在不但没有疑义,而且必然要作为取得全国政权的许多力量中间的一个力量。全国革命形势若不是继续向前发展,而有一个比较长期的停顿,则小块红色区域的长期存在是不可能的。现在中国革命形势是跟着国内买办豪绅阶级和国际资产阶级的继续的分裂和战争,而继续地向前发展的。所以,不但小块红色区域的长期存在没有疑义,而且这些红色区域将继续发展,日渐接近于全国政权的取得。四是相当力量的正式红军的存在,是红色政权存在的必要条件。若只有地方性质的赤卫队而没有正式的红军,则只能对付被地主控制的反革命的农村武装组织挨户团,而不能对付正式的白色军队。所以,虽有很好的工农群众,若没有相当力量的正式武装,便决然不能造成割据局面,更不能造成长期和日益发展的割据局面。五是红色政权的长期存在并且发展,除了上述条件之外,还须有一个要紧的条件,就是共产党组织的有力量和它的政策的不错误。① 在1930年1月5日写的《星星之火,可以燎原》中,毛泽东针对党内一部分人

---

① 参见《毛泽东选集》第一卷,人民出版社1991年版,第47—50页。

第五章　具体分析具体情况：中国革命战争的特点与战略战术

对于时局不正确的认识，指出他们虽然相信革命高潮不可避免地要到来，却不相信革命高潮有迅速到来的可能，因此他们只赞成流动游击，而没有在游击区域建立红色政权并用这种红色政权的巩固和扩大去促进全国革命高潮的深刻观念。他们认为在距离革命高潮尚远的时期做这种建立政权的艰苦工作是徒劳的，而是希望用比较轻便的流动游击方式去扩大政治影响，等到全国各地争取群众的工作做好了，再来一个全国武装起义，那时把红军的力量加上去，就成为全国范围的大革命。这种全国范围的、包括一切地方的、先争取群众后建立政权的理论，与中国革命的实情是不适合的。这种理论的来源，主要是没有把中国是一个许多帝国主义国家互相争夺的半殖民地这件事认清楚。如果认清了中国是一个许多帝国主义国家互相争夺的半殖民地，就会明白全世界何以只有中国有这种统治阶级内部互相长期混战，并且日益扩大、始终不能有一个统一的政权的怪事；就会明白农民问题的严重性；就会明白工农民主政权这个口号的正确；就会明白红军和游击队的存在和发展以及伴随着红军和游击队而来的、成长于四围白色政权中的小块红色区域的存在和发展；也就会明白红军、游击队和红色区域的建立和发展是半殖民地中国在无产阶级领导之下的农民斗争的最高形式和半殖民地农民斗争发展的必然结果，并且无疑义是促进全国革命高潮的最重要因素；就会明白单纯的流动游击政策，不能完成促进全国革命高潮的任务，而有根据地的、有计划地建设政权的、深入土地革命的、扩大人民武装的政策无疑义是正确的。

在判断中国政治形势的时候，需要认识下面的这些要点：

重读《中国革命战争的战略问题》

一是现在中国革命的主观力量虽然弱，但是立足于中国落后的脆弱的社会经济组织之上的反动统治阶级的一切组织也是弱的，中国革命一定会比较快地走向高潮。二是1927年革命失败以后，革命的主观力量确实大为削弱，只剩下一点小小的力量。若仅依据某些现象来看，自然要使有的同志发生悲观的念头。但若从实质上看，便大大不然。"星星之火，可以燎原。"现在虽只有一点小小的力量，但是它的发展会是很快的。它在中国的环境里不仅具备了发展的可能性，简直具备了发展的必然性。"我们看事情必须要看它的实质，而把它的现象只看作入门的向导，一进了门就要抓住它的实质，这才是可靠的科学的分析方法"①。三是对反革命力量的估量绝不可只看它的现象，而是要去看它的实质。若把阶级敌人看得一钱不值，就必然要产生政治上的盲动主义。若被敌人表面上强大的现象所迷惑，看不到反革命潮流开始下落、革命潮流开始复兴的实质，就会发生悲观的论调。"所以有这种抓住表面抛弃实质的观察，是因为他们对于一般情况的实质并没有科学地加以分析。如问中国革命高潮是否快要到来，只有详细地去察看引起革命高潮的各种矛盾是否真正向前发展了，才能作决定"②。既然国际上帝国主义相互之间、帝国主义和殖民地之间、帝国主义和它们本国的无产阶级之间的矛盾是发展了，帝国主义争夺中国的需要就更迫切了。帝国主义争夺中国一迫切，帝国主义和整个中国的矛盾、帝国主义者相互之间的矛盾就同时在中国境

---

① 《毛泽东选集》第一卷，人民出版社1991年版，第99页。
② 《毛泽东选集》第一卷，人民出版社1991年版，第100页。

第五章　具体分析具体情况：中国革命战争的特点与战略战术

内发展起来，因此就造成中国各派反动统治者之间的一天天扩大、一天天激烈的混战，中国各派反动统治者之间的矛盾就日益发展起来。伴随各派反动统治者之间的矛盾——军阀混战而来的，是赋税的加重，这样就会促令广大的负担赋税者和反动统治者之间的矛盾日益发展。伴随着帝国主义和中国民族工业的矛盾而来的是中国民族工业得不到帝国主义的让步的事实，这就发展了中国资产阶级和中国工人阶级之间的矛盾，中国资本家从拼命压榨工人找出路，中国工人则给以抵抗。伴随着帝国主义的商品侵略、中国商业资本的剥蚀和政府的赋税加重等，便使地主阶级和农民的矛盾更加深刻化，即地租和高利贷的剥削更加重了，农民则更加仇恨地主。因为外货的压迫、广大工农群众购买力的枯竭和政府赋税的加重，使得国货商人和独立生产者日益走上破产的道路。因为反动政府在粮饷不足的条件之下无限制地增加军队，使战争一天多于一天，使得士兵群众经常处在困苦的环境之中。因为国家的赋税加重，地主的租息加重和战祸的日广一日，造成了普遍于全国的灾荒和匪祸，使得广大的农民和城市贫民走上求生不得的道路。因为无钱开学，许多在学学生有失学之忧；因为生产落后，许多毕业学生无就业之望。如果我们认识了以上这些矛盾，就知道中国是处在怎样一种惶惶不可终日的局面和混乱状态之下，就知道反帝反军阀反地主的革命高潮，是怎样不可避免，而且很快会要到来。中国是全国都布满了干柴，很快就会燃成烈火。"星火燎原"的话，正是对时局发展的适当描写。只要看一看许多地方工人罢工、农民暴动、士兵哗变、学生罢课的发展，就知道这个"星星之火",距"燎原"的时期,毫无疑义是不远了。①

在《中国革命战争的战略问题》中,毛泽东对于中国政治经济发展不平衡的状况作了进一步的生动形象的说明,"微弱的资本主义经济和严重的半封建经济同时存在,近代式的若干工商业都市和停滞着的广大农村同时存在,几百万产业工人和几万万旧制度统治下的农民和手工业工人同时存在,管理中央政府的大军阀和管理各省的小军阀同时存在,反动军队中有隶属蒋介石的所谓中央军和隶属各省军阀的所谓杂牌军这样两部分军队同时存在,若干的铁路航路汽车路和普遍的独轮车路、只能用脚走的路和用脚还不好走的路同时存在"②。中国是一个半殖民地国家,帝国主义的不统一,影响到中国统治集团间的不统一。中国是一个大国,"东方不亮西方亮,黑了南方有北方",不愁没有回旋的余地。中国经过了一次大革命,准备好了红军的种子,准备好了红军的领导者即共产党,又准备好了参加过一次革命的民众。"中国是一个经过了一次革命的、政治经济发展不平衡的、半殖民地的大国,这是中国革命战争的第一个特点。这个特点,不但基本地规定了我们政治上的战略和战术,而且也基本地规定了我们军事上的战略和战术"③。

第二,敌人的强大。红军的敌人国民党,是夺取了政权而且相对地稳定了它的政权的党,得到了全世界主要反革命国家

---

① 参见《毛泽东选集》第一卷,人民出版社1991年版,第97—102页。
② 《毛泽东选集》第一卷,人民出版社1991年版,第188页。
③ 《毛泽东选集》第一卷,人民出版社1991年版,第189页。

第五章　具体分析具体情况：中国革命战争的特点与战略战术

的援助，已改造了它的军队，使之和世界现代国家的军队大体相同，武器和其他军事物资的供给比起红军来雄厚得多，而且其军队数量之多超过中国任何一个历史时代的军队，超过世界任何一个国家的常备军。它的军队和红军比较起来有天壤之别。它控制了全中国的政治、经济、交通、文化的枢纽或命脉，它的政权是全国性的政权。中国红军就是处在这样强大的敌人面前。这个特点使红军的作战不能不和一般战争以及苏联内战、北伐战争都有许多的不同。

第三，红军的弱小。中国红军产生于第一次大革命失败之后，从游击队开始。不但处在中国的反动时期，而且处在世界上反动的资本主义国家在政治上经济上比较稳定的时期。我们的政权是分散而又孤立的山地或僻地的政权，没有任何外间援助。革命根据地经济条件和文化条件比较落后，只有乡村和小城市，其区域开始时非常之小，后来也并不很大，而且流动不定，红军没有真正巩固的根据地。红军数量少、武器差，粮食被服等物质供给非常困难。红军的弱小与敌人的强大形成了尖锐的对比。红军的战略战术，是在这种尖锐的对比上发生的。

第四，共产党的领导和土地革命。这个特点是第一个特点的必然结果，并产生了两方面的情形。一方面，中国革命战争虽然处在中国和资本主义世界的反动时期，然而是能够胜利的，因为它有共产党的领导和农民的援助。根据地虽小却有很大的政治上的威力，屹然和庞大的国民党政权相对立，军事上给国民党的进攻以很大的困难，因为我们有农民的援助。红军虽小却有强大的战斗力，因为在共产党领导下的红军人员是从土地革命中产生，为着自己的利益而战斗的，而且指挥员和战斗员之间在政治上是一致的。另一方面，则和国民党形成了尖锐的对比。国民党是反对土地革命的，因此没有农民的援助。其军队虽多，却不能使兵士群众和许多小生产者出身的下级干部自觉地为国民党拼命，官兵之间在政治上是分歧的，这就减少了它的战斗力。

三、中国革命战争的根本规律和指导规律

中国革命战争的基本特点，决定了中国革命战争的客观规律，并进而决定了中国革命战争的指导规律。毛泽东指出："经过了一次大革命的政治经济不平衡的半殖民地的大国，强大的敌人，弱小的红军，土地革命——这是中国革命战争四个主要的特点。这些特点，规定了中国革命战争的指导路线及其许多战略战术的原则。"[①] 第一个特点和第四个特点，规定了中国红军的可能发展和可能战胜其敌人。第二个特点和第三个特点，规定了中国红军的不可能很快发展和不可能很快战胜其敌人，即规定了战争的持久，而且如果弄得不好的话，还可能失败。

中国革命战争既有顺利的条件，又有困难的条件；中国革命战争可能发展和可能胜敌，但不可能很快发展和很快战胜敌人，战争是持久的。这是中国革命战争的根本规律，许多规律都是从这个根本的规律发生出来的。中国共产党领导的 10 年战争的实践，证明了对于中国革命战争规律的认识的正确性。

---

① 《毛泽东选集》第一卷，人民出版社 1991 年版，第 191 页。

第五章　具体分析具体情况：中国革命战争的特点与战略战术

"谁要是睁眼看不见这些根本性质的规律，谁就不能指导中国的革命战争，谁就不能使红军打胜仗"①。

中国革命战争的特点与规律，决定了中国革命战争的指导规律，即决定了指导中国革命战争的基本原则和基本战略。关于基本原则，毛泽东指出，"正确地规定战略方向，进攻时反对冒险主义，防御时反对保守主义，转移时反对逃跑主义；反对红军的游击主义，却又承认红军的游击性；反对战役的持久战和战略的速决战，承认战略的持久战和战役的速决战；反对固定的作战线和阵地战，承认非固定的作战线和运动战；反对击溃战，承认歼灭战；反对战略方向的两个拳头主义，承认一个拳头主义；反对大后方制度，承认小后方制度；反对绝对的集中指挥，承认相对的集中指挥；反对单纯军事观点和流寇主义，承认红军是中国革命的宣传者和组织者；反对土匪主义，承认严肃的政治纪律；反对军阀主义，承认有限制的民主生活和有威权的军事纪律；反对不正确的宗派主义的干部政策，承认正确的干部政策；反对孤立政策，承认争取一切可能的同盟者；最后，反对把红军停顿于旧阶段，争取红军发展到新阶段——所有这些原则问题，都要求正确的解决"②。

关于基本战略，毛泽东指出，中国共产党领导的中国革命，面对的是帝国主义和封建主义及其联合这一强大的敌人。在敌强我弱的力量对比中，中国内战的基本形式，是"围剿"和反"围剿"的长期反复和攻防两种战斗形式的长期反复。

---

① 《毛泽东选集》第一卷，人民出版社 1991 年版，第 191 页。
② 《毛泽东选集》第一卷，人民出版社 1991 年版，第 191—192 页。

重读《中国革命战争的战略问题》

在反对和打破敌人的"围剿"中发展壮大自己,是在敌我力量对比发生根本改变前中国共产党领导中国革命战争的基本战略和根本任务。中国革命和中国革命战争是进攻的,但是也有防御和后退。而防御和后退,目的是为了进攻和前进,为了进攻和前进,在一定时期一定情况下必须进行防御和后退。

在10年内战中,从游击战争开始,任何一个独立的红色游击队或红军周围,任何一个革命根据地周围,都经常遇到敌人的"围剿",而红军则采取了反"围剿"的形式。所谓胜利,主要是说反"围剿"的胜利,这就是战略和战役的胜利。反对一次"围剿"是一个战役,常常由大小数个以至于数十个战斗组织而成。在一次"围剿"没有基本打破以前,即使得到了许多战斗的胜利,还不能说战略上或整个战役上已经胜利了。10年的红军战争史,就是一部反"围剿"史。敌人的"围剿"和红军的反"围剿"互相采用进攻和防御这两种战斗形式,这与古今中外的战争是一样的。但中国内战的特点是进攻与防御具有长期的反复性。在一次"围剿"中,敌人以进攻反对红军防御,红军以防御反对敌人进攻,这是反"围剿"战役的第一个阶段。敌人以防御反对红军进攻,红军以进攻反对敌人防御,这是反"围剿"战役的第二个阶段。任何"围剿"都包括这两个阶段,并且是长期反复进行的。"围剿"和反"围剿"是战争形式的反复;敌以进攻对我防御、我以防御对敌进攻的第一阶段以及敌以防御对我进攻、我以进攻对敌防御的第二阶段,是每一次"围剿"的中战斗形式的反复。中国内战的特点,是"围剿"和反"围剿"的长期反复和攻防两种战斗形式的长期反复。1930年的"左"倾冒险主义者不懂得

第五章 具体分析具体情况：中国革命战争的特点与战略战术

中国内战的持久性，看不出中国内战发展中"围剿"又"围剿"、打破又打破这种长期反复的规律，在红军还幼小的时代就命令红军去打武汉，命令全国举行武装起义，企图使全国革命迅速胜利。1931年至1934年的"左"倾教条主义者也不相信"围剿"反复这一规律，轻视敌人，盲目乐观，认为第三次"围剿"失败后的国民党已是偏师，要进攻红军，就得由帝国主义亲身出马担当主力军，因而反对战略防御，反对诱敌深入作战，使红军在敌人的严重的"围剿"面前不得不处于无能的地位，给了中国革命以很大的损失。革命和革命战争从发生到发展，从小到大，从没有政权到夺取政权，从没有红军到创造红军，从没有革命根据地到创造革命根据地，总是要进攻的，是不能保守的，保守主义的倾向是应该反对的。"革命和革命战争是进攻的，但是也有防御和后退……为了进攻而防御，为了前进而后退，为了向正面而向侧面，为了走直路而走弯路，是许多事物在发展过程中所不可避免的现象，何况军事运动"①。"围剿"反复的形式结束，是由敌我双方力量强弱对比的变化决定的。当敌我强弱对比发生了根本变化，红军一旦改变到比自己的敌人更为强大时，这个反复也就结束了。那时是我们围剿敌人，敌人则企图反围剿，但是政治和军事的条件将不允许敌人获得如同红军一样的反"围剿"的地位。

---

① 《毛泽东选集》第一卷，人民出版社1991年版，第196页。

第六章　战略防御：中国革命战争的主要形式

中国共产党领导的中国革命战争，在相当长的历史时期内是在敌强我弱的条件下进行的。"围剿"与反"围剿"是中国内战的主要形式，战略防御与战略反攻是革命战争的主要方式。以毛泽东同志为主要代表的中国共产党人密切联系中国国情，深刻分析、科学把握中国革命战争的特点与规律，指导红军胜利进行了以战略防御为主要形式的长期战争，并形成了以战略防御为突出特征的战争理论与战略战术。在《中国革命战争的战略问题》中，毛泽东总结10年土地革命战争正反两方面的经验，系统地阐述了战略防御的理论与战略，论述了积极防御和消极防御、反"围剿"的准备、战略退却、战略反攻、反攻开始、集中兵力以及运动战、速决战、歼灭战等问题，丰富了马克思主义军事理论，为即将到来的全民族抗日战争提供了基本的战略理论与原则方法。

第六章　战略防御：中国革命战争的主要形式

一、积极防御是为反攻和进攻而进行的防御

战略防御在中国革命战争中具有重要地位和作用。1927年国民党反动派发动反革命政变，屠杀中国共产党人和革命群众，1924年至1927年的中国第一次民族统一战线归于失败，中国革命成为极为深刻、极为残酷的阶级战争，中国共产党进入独立领导武装斗争的新的历史时期。中国革命的敌人是全国的统治者，中国共产党只有一点小部队，在敌强我弱的客观形势下，一开始就是和敌人的"围剿"进行斗争。红军的进攻密切联系于打破"围剿"，红军发展的命运全看能不能打破"围剿"。而打破"围剿"的过程往往是迂回曲折的，不是径情直遂的。首先而且严重的问题是如何保存力量、待机破敌，因而战略防御问题成为红军作战中最复杂和最重要的问题。

在战略防御问题上常常发生两种偏向：一种是盲目乐观，轻视敌人。党的一部分领导人罔顾大革命失败后革命处于低潮的事实，对于中国革命所处的社会环境、历史条件以及敌强我弱的客观事实缺乏深入了解和正确认识，机械地理解马克思关于武装起义之后一刻也不应该停止进攻的理论，照搬照抄别国通过武装起义夺取政权的经验，错误地认为中国革命无疑是在高涨，轻视敌人，盲目自信，在军事上主张只有进攻，无所谓退守，红军战略战术的第一个要点就是集中进攻，要集中进攻交通要道、中心城市，消灭敌人的主力。在政治上盲目地讲高潮而不承认低潮，在军事上只讲进攻而不讲防御，完全无视中国革命的实际情况以及敌强我弱的严峻现实，要求红军只进攻

前进,不能防御退却,使红军遭受了很大损失。毛泽东指出,由于轻视敌人,许多游击队失败了,红军对若干次敌人的"围剿"不能打破。在革命的游击队初起阶段,领导者往往不能正确看待敌我形势,一方面,只看见自己武装起义胜利了或从白军中哗变出来了,一时的环境很顺利,但看不到严重的环境,因此往往轻视敌人;另一方面,不了解自己没有经验、力量弱小等弱点,无视敌强我弱这一客观存在的现象,一味只讲进攻,不讲防御和退却,在精神上解除了防御的武装,因而把行动引到错误的方向,导致许多游击队的失败。另一种是畏敌如虎,为敌人吓倒而受挫折。与轻敌者相反,这些人则是太看重了敌人,太看轻了自己,因而采取了非必要的退却方针,精神上同样地解除了防御的武装。其结果或者是游击队失败,或者是红军的某些战役失败,或者是根据地丧失。在第五次反"围剿"中丧失了江西中央根据地是最显著的例子。当时临时中央的主要负责人博古和共产国际的军事顾问李德等领导者畏敌如虎,处处设防,节节抵御,不敢举行本来有利的向敌人后方打去的进攻,也不敢大胆放手诱敌深入,聚而歼之,结果丧失了整个根据地,红军被迫撤离中央根据地进行长征。右倾错误与"左"倾错误是两极相通的。发生右倾错误,往往有一种"左"倾轻敌的错误为之先行。1932年进攻中心城市的军事冒险主义,正是后来在对付敌人第五次"围剿"中采取消极防御路线的根源。

  毛泽东在领导中国革命战争的过程中,根据国情实际和革命实际创造性地运用和发展马克思主义。恩格斯在《德国的革命和反革命》中指出:"起义也正如战争或其他各种艺术一

第六章　战略防御：中国革命战争的主要形式

样，是一种艺术，它要遵守一定的规则，这些规则如果被忽视，那么忽视它们的政党就会遭到灭亡……起义一旦开始，就必须以最大的决心行动起来并采取进攻。防御是任何武装起义的死路，它将使起义在和敌人较量以前就遭到毁灭。必须在敌军还分散的时候，出其不意地袭击他们……必须在敌人还没有能集中自己的力量来攻击你以前就迫使他们退却；用迄今为止人们所知道的最伟大的革命策略家丹东①的话来说，就是要：'勇敢，勇敢，再勇敢！'"② 马克思在 1871 年 4 月 12 日致路·库格曼的信中高度赞扬巴黎公社起义所体现的历史主动性和自我牺牲、英勇奋斗精神，同时也指出了起义后未能乘胜发起进攻的重大错误，他说，"如果他们战败了，那只能归咎于他们的'仁慈'。当维努瓦（时任巴黎总督——引者注）和随后巴黎国民自卫军中的反动分子逃出巴黎的时候，本来是应该立刻向凡尔赛进军的。由于讲良心而把时机错过了"③。列宁在领导俄国工人阶级武装起义之后，也要求从各方面同时地尽可能出其不意地迅速地对彼得格勒进攻。马克思、恩格斯、列宁关于法国革命、巴黎公社、俄国革命的论断无疑是正确的，对于中国共产党领导中国革命战争是具有指导意义的。毛泽东坚持从中国实际出发，深入认识中国革命和中国革命战争的客观规律，创造性地运用马克思主义的理论，提出了战略防御的思想。他在领导湘赣边界秋收起义遭受挫折之后，充分认识到

---

① 乔治·雅克·丹东（Georges-Jacques Danton，1759—1794），法国政治家，法国大革命时期著名活动家，雅各宾派的主要领导人之一。
② 《马克思恩格斯文集》第 2 卷，人民出版社 2009 年版，第 446 页。
③ 《马克思恩格斯文集》第 10 卷，人民出版社 2009 年版，第 353 页。

敌强我弱以及革命处于低潮这一客观现实,毅然率领部队到敌人统治薄弱的农村发展红军、建立根据地,开辟了在战略防御作战中发展壮大自己、农村包围城市、武装夺取政权的中国革命的独特道路。中国革命和中国革命战争从发生到发展、从小到大、从没有政权到夺取政权、从没有红军到创造红军、从没有革命根据地到创造革命根据地,总是要进攻的,是不能保守的,保守主义倾向是应该反对的。但在军事上只主张战略进攻,反对战略防御,这种思想根本不符合中国革命战争的特点。后起而且发展很快的帝国主义国家即德日两国的军事家也极力鼓吹战略进攻的利益,反对战略防御。他们认为防御不能振奋人心,反而会使人心动摇。这是指阶级矛盾剧烈,而战争利益仅仅属于反动统治阶层乃至反动当权政派的那种国家而言的,这种思想是根本不合于中国革命战争的。因为我们是被压迫者和被侵略者,中国共产党领导的中国革命战争是为了保卫革命根据地和保卫中国,因而能够团结最大多数人民万众一心作战。"一切正义战争的防御战,不但有麻痹政治上异己分子的作用,而且可以动员落后的人民群众加入到战争中来"[①]。毛泽东认为:"马克思说的武装起义之后一刻也不应该停止进攻,这是说乘敌不备而突然起义的群众,应该不让反动的统治者有保守政权或恢复政权的机会,趁此一瞬间把国内反动的统治势力打个措手不及,而不要满足于已得的胜利,轻视敌人,放松对于敌人的进攻,或者畏缩不前,坐失消灭敌人的时机,招致革命的失败。这是正确的。然而不是说,敌我双方已在军

---

① 《毛泽东选集》第一卷,人民出版社1991年版,第199页。

第六章 战略防御：中国革命战争的主要形式

事对抗中，而且敌人是优势，当受敌人压迫时，革命党人也不应该采取防御手段。如果这样想，那就是第一号的傻子。"①敌人是全国的统治者，我们只有一点小部队，因此，我们一开始就处在敌人的包围之中，一开始就是和敌人的"围剿"进行斗争。我们所面临的首先而且严重的问题是如何保存力量、待机破敌，战略防御成为红军作战中最复杂最重要的问题。只有在敌我双方力量对比发生根本变化、敌强我弱状况发生根本改变时，我们的战略防御才能转为战略进攻。不顾敌强我弱的客观现实，只讲进攻不讲防御的主张是错误的。革命和革命战争是进攻的，但也有防御和后退。为了进攻而防御，为了向正面而向侧面，为了走直路而走弯路，是许多事物在发展过程中所不可避免的现象，军事运动更是如此。

马克思主义经典作家都重视和肯定积极防御对于取得战争胜利的意义。马克思说防御战争并不排除在战争事变过程中所要求采取的攻势行动；恩格斯认为只有以攻势来进行的积极防御才是最有效的防御。若只是实行消极的防御，即使有良好的武器，也必败无疑。毛泽东继承马克思主义关于积极防御理论，研究军事理论与古今中外战例，充分肯定战略防御在中国革命战争中的重要地位，并主张积极防御，反对消极防御。所谓积极防御，又叫攻势防御或决战防御，是为了反攻和进攻的防御，是通过防御保存军力，待机破敌，最后达到反攻和进攻。消极防御又叫专守防御或单纯防御。消极防御实际上是假防御，只有积极防御才是真防御，才是为了反攻和进攻的防

---

① 《毛泽东选集》第一卷，人民出版社1991年版，第199—200页。

御。他指出,"任何一本有价值的军事书,任何一个比较聪明的军事家,而且无论古今中外,无论战略战术,没有不反对消极防御的。只有最愚蠢的人,或者最狂妄的人,才捧了消极防御当法宝。然而世上偏有这样的人,做出这样的事。这是战争中的过失,是保守主义在军事上的表现,我们应该坚决地反对它"①。中国共产党所领导的土地革命战争,整个说来是向国民党反动派进攻,但在军事上采取打破"围剿"的形式,我们的战争是防御和进攻交替应用。防御和进攻是反"围剿"这一件事情的两个阶段,"围剿"没有打破以前是防御,"围剿"一经打破就开始了进攻,而敌人的一次"围剿"和它的又一次"围剿"是衔接着的。这两个阶段中,防御的阶段比进攻的阶段更为复杂、更为重要。这个阶段包含着怎样打破"围剿"的许多问题。基本的原则是承认积极防御,反对消极防御。从国内战争说,假如红军的力量超过了敌人时,那么,一般地就用不着战略防御了。那时的方针只是战略的进攻。这种改变,依靠于敌我力量的总的变动。到了那时,剩下的防御手段,只是局部的东西了。

面对国民党军队对于根据地的"围剿",以毛泽东同志为主要代表的中国共产党人坚持积极防御,提出诱敌深入方针,面对强敌进攻,实行战略退却,以选择有利时机和地点,在人民群众支持下,集中优势兵力,各个歼灭敌人,取得了四次反"围剿"的胜利。在第五次反"围剿"中,由于"左"倾错误领导占据了统治地位,排斥毛泽东的正确领导,始之盲目轻敌,"两

---

① 《毛泽东选集》第一卷,人民出版社1991年版,第198—199页。

第六章 战略防御：中国革命战争的主要形式

个拳头打人"，"分离作战"，搞进攻中的冒险主义，遭受重挫；继之畏敌如虎，搞防御中的保守主义，命令红军分兵把口，处处设防，节节抵御，以阵地战代替运动战，以消耗战代替歼灭战，以战役战斗的持久战代替战役战斗的速决战，实行消极防御，结果使红军遭受严重失败。

1935年1月中共中央政治局召开的遵义会议，批判了博古、李德等人消极防御的军事路线，通过了《中共中央关于反对敌人五次"围剿"的总结的决议》，指出国民党蒋介石及其帝国主义军事顾问等经过了历次"围剿"失败之后，知道用"长驱直入"的战略战术同我们在苏区内作战是极端不利的。因此在第五次"围剿"中采用了持久战与堡垒主义的战略战术，企图逐渐消耗我们的有生力量与物质资材，紧缩我们的苏区，最后寻求我主力决战，以达到消灭我们的目的。在这种情形之下，我们的战略路线应该是决战防御（攻势防御），集中优势兵力，选择敌人的弱点，在运动战中有把握地去消灭敌人的一部或大部，以各个击破敌人，彻底粉碎敌人的"围剿"。然而在反对第五次"围剿"中却以单纯防御路线（或专守防御）代替决战防御，以阵地战、堡垒战代替了运动战，并以所谓"短促突击"的战术原则来支持这种单纯防御的战略路线。这就使敌人持久战与堡垒主义战略战术达到了他的目的，使我们主力红军受到部分损失并离开了中央苏区根据地。《决议》鲜明指出，军事上的单纯防御路线，是我们不能粉碎敌人第五次"围剿"的主要原因。当敌人向我们进攻与举行"围剿"时，我们的战略路线当然是决战防御，即我们的防御不是单纯的防御，而是为了寻求决战的防御，为了转入反攻与进攻的防御。单纯防御可以相当削弱敌人力量,可以在某一时期内保持土地,但最终粉碎"围剿"与保卫苏区是不可能的,最后胜利的前途是没有的。只有从防御转入反攻(战役的与战略的)以至进攻,取得决战的胜利,大量消灭敌人的有生力量,我们才能粉碎"围剿",保卫苏区,并发展苏维埃革命运动。单纯防御路线发展的前途,或者是不顾一切的拼命主义,或者是逃跑主义,此外决不能有别的东西。在军事上的单纯防御路线,是我们不能粉碎敌人第五次"围剿"的主要原因。这条单纯防御的路线与以毛泽东为代表的积极防御路线是完全对立的。毛泽东的积极防御路线,则是在战略上的防御与战役战斗上的进攻、战略上的持久与战役战斗上的速决的统一。

二、做好反"围剿"准备是防御作战的必要前提

反"围剿"准备非常必要。在反"围剿"战争中,进攻与防御是交替进行的,或进攻之后的防御,或防御之后的进攻;"围剿"没有打破以前是防御,"围剿"一经打破就开始了进攻。敌人的前一次"围剿"与后一次"围剿"是衔接着的。当红军打破敌人的前一次"围剿"而处在进攻中时,敌人可能在退却、防御中就准备新的"围剿"、新的进攻。这对红军来说,就必须有一个进攻之后的退却以做好反"围剿"准备的问题。如果对于敌人有计划的"围剿"没有必要的和充分的准备,必然陷入被动地位。如果临时仓促应战,就没有胜利的把握。因此,在敌人准备"围剿"的同时,进行我们的反

第六章 战略防御：中国革命战争的主要形式

"围剿"准备是完全必要的。

何时结束自己的进攻而转入反"围剿"的准备阶段，是一个困难的问题。当红军处在胜利的进攻中、敌人处在防御地位时，敌人的"围剿"准备是秘密进行的，我们难以知道他们将在何时开始进攻。如果我们准备反"围剿"的工作开始早了，就会减少进攻的利益，有时还会给予红军和人民以若干不良影响。因为准备阶段中的主要步骤就是军事上准备退却和为准备退却而进行政治动员。有时准备过早，会变为等待敌人；等了好久而敌人未来，不得不重新发动进攻。有时我们的重新进攻刚开始，又恰好遇到敌人进攻的开始，使自己处在困难地位。断定和选择开始准备的时机，要从敌我双方情况和二者之间的关系着眼。为了解敌人的情况，须从敌人方面的政治、军事、财政和社会舆论等方面搜集材料。分析这些材料的时候，要足够地估计敌人的整个力量，不可夸大敌人过去失败的程度，但也决不可不估计到敌人内部的矛盾、财政的困难、过去失败的影响等。对自己方面，不可夸大过去胜利的程度，但也决不可不足够地估计到过去胜利的影响。反"围剿"准备要及早进行。开始反"围剿"准备的时机，"一般地说来，与其失之过迟，不如失之过早。因为后者的损失较之前者为小，而其利益，则是有备无患，根本上立于不败之地"①。

反"围剿"准备，要抓好红军准备退却、政治动员、征集新兵、财政和粮食准备、政治异己分子处置等主要问题。所

---

① 《毛泽东选集》第一卷，人民出版社1991年版，第201页。

谓红军准备退却,就是不要使红军向着不利于退却的方向进攻得太远,不要使红军过于疲劳。在敌人大举进攻的前夜,主力红军要把注意力主要放在创造战场、征集资材、扩大自己和训练自己的计划上。所谓政治动员,就是明确、坚决而充分地告诉红军人员和根据地人民关于敌人进攻的必然性、迫切性与敌人进攻危害人民的严重性,以及敌人的弱点、红军的优良条件、我们一定要胜利的志愿与我们工作的方向等,号召红军和人民为反对"围剿"、保卫根据地而斗争。征集新兵要从两方面的情况出发:一是顾到人民的政治觉悟程度和人口情况;二是顾到当时红军的情况和整个反"围剿"战役中红军消耗的可能限度。解决财政和粮食问题,要顾及"围剿"时间的可能延长,应当计算红军和革命根据地的人民在整个反"围剿"斗争中物资需要的最低限度。对待政治异己分子,不可对他们不警戒;但也不可过于恐惧他们的叛变,而采取过分的警戒手段。对地主、商人、富农要区别对待,主要是从政治上向他们说明,争取他们中立,并且组织民众监视他们。只有对极少数最带危险性的分子,才可以采用严峻手段,例如逮捕等。

反"围剿"斗争胜利的程度与准备阶段中任务完成的程度密切联系。要坚决反对因轻敌而准备放松,或因被敌人进攻所吓倒而惊惶失措,"我们需要的是热烈而镇定的情绪,紧张而有秩序的工作"[①]。

[①] 《毛泽东选集》第一卷,人民出版社 1991 年版,第 202—203 页。

第六章　战略防御：中国革命战争的主要形式

三、战略退却是防御作战的重要步骤

战略退却是在敌强我弱的情况下红军实行战略防御作战的重要战略步骤，是为了反攻而退却、为了前进而后退、为了反"围剿"战略全局胜利而采取的必要手段。毛泽东指出，"战略退却，是劣势军队处在优势军队进攻面前，因为顾到不能迅速地击破其进攻，为了保存军力，待机破敌，而采取的一个有计划的战略步骤"①。"战略退却的全部的作用，在于转入反攻，战略退却仅是战略防御的第一阶段。全战略的决定关键，在于随之而来的反攻阶段之能不能取胜"②。而军事冒险主义者却坚决反对战略退却这种步骤，主张所谓"御敌于国门之外"。

毛泽东用拳师比武、中国古代战例以及中国共产党领导中国革命战争的经验，说明以退为进、以弱胜强的道理。他说，两个拳师放对，聪明的拳师往往退让一步，而蠢人则气势汹汹，劈头就使出全副本领，结果却往往被退让者打倒。《水浒传》上的洪教头，在柴进家中要打林冲，连唤几个"来""来""来"，结果被退让的林冲看出破绽，一脚将其踢翻。

齐国与鲁国是春秋时期的邻国。鲁庄公十年，即公元前684年春天，齐桓公因鲁人支持与他争位的公子纠而伐鲁，两国军队在长勺交战。毛泽东引用了左丘明在《左传·庄公十

---

① 《毛泽东选集》第一卷，人民出版社1991年版，第203页。
② 《毛泽东选集》第一卷，人民出版社1991年版，第214页。

年》中所作的生动记叙。

> 春，齐师伐我。公将战。曹刿请见。其乡人曰：肉食者谋之，又何间焉？刿曰：肉食者鄙，未能远谋。乃入见。问：何以战？公曰：衣食所安，弗敢专也，必以分人。对曰：小惠未遍，民弗从也。公曰：牺牲玉帛，弗敢加也，必以信。对曰：小信未孚，神弗福也。公曰：小大之狱，虽不能察，必以情。对曰：忠之属也。可以一战。战则请从。公与之乘，战于长勺。公将鼓之。刿曰：未可。齐人三鼓。刿曰：可矣。齐师败绩。公将驰之。刿曰：未可。下视其辙，登轼而望之，曰：可矣。遂逐齐师。既克，公问其故。对曰：夫战，勇气也。一鼓作气，再而衰，三而竭。彼竭我盈，故克之。夫大国难测也，惧有伏焉。吾视其辙乱，望其旗靡，故逐之。

鲁庄公十年春，齐国军队攻打鲁国。鲁庄公将要迎战。曹刿请求拜见鲁庄公。他的同乡说："当权者自会谋划这件事，你又何必参与呢？"曹刿说："当权的人目光短浅，不能深谋远虑。"于是入朝去见鲁庄公。曹刿问："您凭借什么作战？"庄公说："衣食等养生之物，我从来不敢专有，一定分给身边的大臣。"曹刿回答说："小恩小惠不能遍及百姓，老百姓不会顺从您。"庄公说："祭祀用的猪牛羊和玉器、丝织品，从来不敢虚夸数目，一定对上天说实话。"曹刿说："小小信用，不能取得神灵的信任，神灵不会保佑您。"庄公说："大小诉讼案件，即使不能一一明察，但我一定根据实情公正合理断案。"曹刿回答说："这才是忠实履行了自己的职责，可以凭借这个条件打一仗。如果与齐国作战，请允许我跟随您一

第六章 战略防御:中国革命战争的主要形式

同去。"

交战的那一天,庄公和曹刿同坐一辆战车,在长勺和齐军作战。庄公将要下令击鼓进军。曹刿说:"现在不行。"等到齐军三次击鼓之后,曹刿说:"可以击鼓进军了。"齐军大败。鲁庄公又要下令追逐齐军。曹刿说:"还不行。"他下战车察看齐军车轮碾出的痕迹,又登上战车扶着车前横木远望齐军的队形,然后说:"可以追击了。"打了胜仗之后,庄公问他取胜的原因。曹刿说:"作战靠士气。第一次击鼓能够振作士兵士气,第二次击鼓士兵的士气就开始低落,第三次击鼓士兵的士气就耗尽了,齐国的士气已经消失而我军的士气正当旺盛,所以才战胜了他们。像齐国这样的大国,他们的情况是难以推测的,怕他们在那里设有伏兵。后来我看到他们的车轮的痕迹混乱了,望见他们的旗帜倒下了,所以下令追击他们。"

毛泽东在《中国革命战争的战略问题》一文中说,"春秋时候,鲁与齐战,鲁庄公起初不待齐军疲惫就要出战,后来被曹刿阻止了,采取了'敌疲我打'的方针,打胜了齐军,造成了中国战史中弱军战胜强军的有名的战例"[①]。"当时的情况是弱国抵抗强国。文中指出了战前的政治准备——取信于民,叙述了利于转入反攻的阵地——长勺,叙述了利于开始反攻的时机——彼竭我盈之时,叙述了追击开始的时机——辙乱旗靡之时。虽然是一个不大的战役,却同时是说的战略防御的原则。中国战史中合此原则而取胜的实例是非常之多

[①] 《毛泽东选集》第一卷,人民出版社 1991 年版,第 203 页。

的。楚汉成皋之战、新汉昆阳之战、袁曹官渡之战、吴魏赤壁之战、吴蜀彝陵之战、秦晋淝水之战等等有名的大战,都是双方强弱不同,弱者先让一步,后发制人,因而战胜的"①。

毛泽东还紧密联系中国共产党领导的中国革命战争实践,说明在敌强我弱的情况下战略防御作战中的战略退却对于战胜敌人的重要性。蒋介石发动四一二反革命政变后,中国共产党召开八七会议,决定进行武装斗争,进行土地革命,由此拉开了第二次国内革命战争的帷幕。中国共产党领导的革命战争从1927年秋天开始,当时根本没有经验。南昌起义、广州起义失败,秋收起义在湘鄂赣边界地区的部队也打了几个败仗,转移到湘赣边界的井冈山地区。1928年4月,南昌起义失败后保存的部队经过湘南转到了井冈山。从1928年5月开始,形成了适应当时情况的具有朴素性质的游击战争基本原则,即"敌进我退,敌驻我扰,敌疲我打,敌退我追"的十六字诀,并在后来有了进一步发展。在江西根据地第一次反"围剿"中,提出了"诱敌深入"的方针并取得了成功。等到战胜敌人的第三次"围剿",形成了红军作战的全部原则。这时是军事原则的新发展阶段,内容大大丰富起来,形式也有了许多改变,超越了从前的朴素性,但基本的原则仍然是那个十六字诀,它包含反"围剿"的基本原则、战略防御和战略进攻的两个阶段,在防御时又包含战略退却和战略反攻的两个阶段。然而,从1932年1月开始,在"三次'围剿'被

---

① 《毛泽东选集》第一卷,人民出版社1991年版,第204页。

第六章 战略防御：中国革命战争的主要形式

粉碎"后，临时中央提出了"争取一省数省首先胜利"的包含着严重原则错误的决议，"左"倾机会主义者反对并最后撤销了一套正确原则，成立了另一整套与之相反的所谓"新原则"或"正规原则"。在战争实践中形成的正确的东西被斥之为不正规的应该否定的"游击主义"。他们认为诱敌深入是不对的，放弃了许多地方。过去的东西没有任何的正规性，只是游击队使用的办法。现在我们的国家已成立了，我们的红军已正规化了，我们和蒋介石作战是国家和国家作战、大军和大军作战。历史不应重复，"游击主义"的东西应该全部抛弃，要既不放弃土地又能打胜敌人，在敌区或在我区与敌区交界地方去打胜敌人。他们认为新的原则是"完全马克思主义"的，过去的东西是游击队在山里产生的，而山里是没有马克思主义的。新的原则是"以一当十，以十当百，勇猛果敢，乘胜直追"，"全线出击"，"夺取中心城市"，"两个拳头打人"。敌人进攻时，对付的办法是"御敌于国门之外"，"先发制人"，"不打烂坛坛罐罐"，"不丧失寸土"，"六路分兵"；是"革命道路和殖民地道路的决战"；是短促突击，是堡垒战，是消耗战，是"持久战"；是大后方主义，是绝对的集中指挥；最后，则是大规模搬家。并且谁不承认这些，就给以惩办，加之以机会主义的头衔，如此等等。毛泽东尖锐指出，"无疑地，这全部的理论和实际都是错了的。这是主观主义。这是环境顺利时小资产阶级的革命狂热和革命急性病的表现；环境困难时，则依照情况的变化以次变为拼命主义、保守主义和逃跑主义。这是鲁莽家和门外汉的理论和实际，是丝毫也没有马克思主义气味的东西,是反马克思主义的东西"[1]。反"游击主义"的"左"的教条主义,"其第一阶段是军事冒险主义,第二阶段转到军事保守主义,最后,第三阶段,变成了逃跑主义"[2],在党和红军中统治了整整3年之久,给党和红军造成了严重危害。1935年1月,党中央在贵州遵义召开扩大的政治局会议,批判了"左"的军事路线,宣告这个错误路线的破产,重新承认过去路线的正确性,这是付出了巨大代价才得来的。

战略退却是弱军对强军作战时在战争开始阶段必须采取的方针。"战略退却的目的是为了保存军力,准备反攻。退却之所以必要,是因为处在强敌的进攻面前,若不退让一步,则必危及军力的保存"[3]。准备反攻,必须选择和造成有利于我不利于敌的若干条件,使敌我力量对比发生变化,然后进入反攻阶段。在退却阶段中,大概须取得下列诸种条件中至少两种以上,才算是有利于我不利于敌,才好使自己转入反攻。这些条件是:积极援助红军的人民;有利作战的阵地;红军主力的全部集中;发现敌人的薄弱部分;使敌人疲劳沮丧;使敌人发生过失。在这6个条件中,人民这个条件对于红军是最重要的条件。并且由于这个条件,发现敌人的薄弱部分、使敌人疲劳沮丧、使敌人发生过失等条件才容易造成或发现。所以当敌人大举进攻红军时,红军总是从白区退却到根据地来,因为根据地的人民是最积极地援助红军反对白军的。退却的军队能够选择自己所欲的有利阵地,使进攻的军队不得不就我范围,这是内

---

[1] 《毛泽东选集》第一卷,人民出版社1991年版,第206页。
[2] 《毛泽东选集》第一卷,人民出版社1991年版,第205页。
[3] 《毛泽东选集》第一卷,人民出版社1991年版,第206页。

第六章　战略防御：中国革命战争的主要形式

线作战的一个优良条件。弱军要战胜强军，是不能不讲求阵地这个条件的。但是单有这个条件还不够，还要求别的条件和它配合。首先是人民的条件。再则还要求好打的敌人，例如敌人疲劳了，或者发生了过失，或者该路前进的敌人比较地缺乏战斗力。这些条件不具备时，虽有优良阵地，也只得置之不顾，继续退却，以就自己所欲的条件。除地方部队和钳制兵力外，一切突击兵力以全部集中为原则。当着我们向战略上取守势的敌人进攻时，红军往往是分散的。一旦敌人大举向我进攻，红军就实行所谓"求心退却"，使全部红军主力完全集中起来。弱军对于强军作战的再一个必要条件，就是拣弱的打。然而当敌人开始进攻时，我们往往不知敌之分进各军何部最强、何部次强，何部最弱、何部次弱，需要一个侦察的过程。往往需要许多时间，才能达此目的。孙子说"避其锐气，击其惰归"[1]。如果进攻之敌在数量和强度上都超过我军甚远，我们要求强弱的对比发生变化，便只有等到敌人深入根据地，吃尽根据地的苦楚，使敌疲劳沮丧，将他们"肥的拖瘦，瘦的拖死"，以求减杀其优势。到这时敌军虽强，也大大减弱了；兵力疲劳，士气沮丧，许多弱点都暴露出来。红军虽弱，却养精蓄锐，以逸待劳。此时双方对比，往往能达到某种程度的均衡，或者敌军的绝对优势改变到相对优势，我军的绝对劣势改变到相对劣势，甚至有敌军劣于我军，而我军反优于敌军的事情。退却的最后一个要求，是造成和发现敌人的过失。任何高明的敌军指挥员，在相当长时间中不发生一点过失是不可能的，因此我们

---

[1] 《孙子兵法·军争篇》。

乘敌之隙的可能性总是存在的。敌人会犯错误，正如我们自己有时也弄错，有时也授敌以可乘之隙一样，而且我们可以人工地造成敌军的过失。退却大致要造成如上6个方面的有利条件，但不是说须待这些条件完全具备方能举行反攻。要同时具备这些条件是不可能的，而且也不必要。但依据敌人当前情势，争取若干必要条件，是以弱敌强的内线作战军队所应该注意的。

在防御作战中，退却是为了反攻。决定退却终点究在何处，必须以整个形势作为出发点，要从全局着眼，从战争的整个进程来决定战略退却的终点。决定退却终点，不仅在局部形势看来有利于我转入反攻，同时也要在全体形势看来对我有利。因为反攻的开始，必须计算到以后的变化，而我们的反攻总是从局部开始的。"形势是由条件造成的；观察局部形势和整个形势的联系，应从当时敌我双方所具条件之见于局部的和见于全体的，是否在一定的限度上利于我之开始反攻以为断。"① 要将局部形势与整个形势联系起来，以决定退却的终点。有时退却终点应该选在根据地的前部，有时须在根据地的中部，有时则在根据地的后部。退却终点，在根据地可以大体上分为前部、中部、后部三种。当敌人举行大规模"围剿"时，一般的原则是诱敌深入，是退却到根据地作战，因为这是使我们最有把握地打破敌人进攻的办法。红军在防御作战中，为了反攻而退却，但不是根本拒绝在白区作战。拒绝在白区作战，仅仅指对付敌军大规模"围剿"。敌我强弱悬殊，

---

① 《毛泽东选集》第一卷，人民出版社1991年版，第210页。

第六章　战略防御：中国革命战争的主要形式

我们在保存军力、待机破敌的原则下，才主张向根据地退却，主张诱敌深入，因为只有这样做才能造成或发现利于反攻的条件。如果情况并不这样严重，或者情况的严重性简直使红军连在根据地也无法开始反攻，或者反攻不利需要再退以求局势之变化时，那么，把退却终点选在白区也是应该承认的。

毛泽东也指出了战略退却的困难之处以及如何选择退却时机和做好干部群众工作的问题。退却开始时机的选择、退却终点的选择、政治上对干部和人民的说服等等，都是必须给予解决的困难问题。退却开始的时机问题具有重要意义，退却过早和过迟都有损失，但一般说来过迟的损失较之过早为大。及时退却，使自己完全立于主动地位，对于到达退却终点整顿队势、以逸待劳地转入反攻具有极大的影响。江西粉碎敌人第一次、第二次、第四次"围剿"的战役，都从容不迫地对付了敌人。唯独第三次战役，因为不料敌人经过第二次战役的惨败之后，新的进攻来得那么快，1931年5月31日我们结束第二次反"围剿"作战，7月1日蒋介石就开始了第三次"围剿"，红军仓促绕道集中，就弄得十分疲劳。如何选择这个时机，全靠收集必要的材料，从敌我双方大势上去判断。战略退却，在干部和人民还没有经验时，在军事领导的权威还没有达到把战略退却的决定权集中到最少数人乃至一个人的手里而为干部所信服的地步时，说服干部和人民的问题是一个十分困难的问题。这既要从自身的战争经验中学习，也要从别人的战争经验中学习。毛泽东指出，"经验对于干部是必需的，失败确是成功之母。但是虚心接受别人的经验也属必需，如果样样要待自己经验,否则固执己见拒不接受,这就是十足的'狭隘经验论'。我们的战争吃这种亏是不少的"①。

"左"的教条主义和盲动主义者主张"御敌于国门之外",反对战略退却,理由是退却丧失土地,危害人民,即所谓"打烂坛坛罐罐",对外也产生不良影响。在第五次反"围剿"中,则说敌人采取堡垒主义政策,我退一步,敌人的堡垒就推进一步,根据地一天比一天减缩而无法恢复。如果说诱敌深入在以前是有用的,那么在堡垒主义的第五次"围剿"则是无用的。对付第五次"围剿",只能用分兵抵御和短促突击的方法。毛泽东从全局与局部、当前和长远的辩证关系出发,强调战略退却对于实行反攻、战胜敌人的重要性,批判囿于局部利害、计较一时得失、反对战略退却的"左"的教条主义和盲动主义。他指出,关于丧失土地的问题,常有这样的情形,就是只有丧失才能不丧失,这就是"将欲取之,必先与之"②。如果我们丧失的是土地,而取得的是战胜敌人,加恢复土地,再加扩大土地,这是赚钱生意。市场交易,买者如果不丧失金钱,就不能取得货物;卖者如果不丧失货物,也不能取得金钱。革命运动所造成的丧失是破坏,而其取得的是进步的建设。睡眠和休息丧失了时间,却取得了明天工作的精力。如果有什么蠢人,不知此理,拒绝睡觉,他明天就没有精神了,这是蚀本生意。我们在敌人第五次"围剿"时期的蚀本正因为这一点。不愿意丧失一部分土地,结果丧失了全部土地。危害

---

① 《毛泽东选集》第一卷,人民出版社1991年版,第213—214页。
② 参见《战国策·魏策》。原文是:"将欲败之,必姑辅之;将欲取之,必姑与之。"

人民的问题同此道理。不在一部分人民家中一时地打烂些坛坛罐罐，就要使全体人民长期地打烂坛坛罐罐。惧怕一时的不良的政治影响，就要以长期的不良影响做代价。"左"的教条主义和盲动主义者，"他们看问题仅从一局部出发，没有能力通观全局，不愿把今天的利益和明天的利益相联结，把部分利益和全体利益相联结，捉住一局部一时间的东西死也不放……一切依照当时具体情况看来对于当时的全局和全时期有利益的、尤其是有决定意义的一局部和一时间，是应该捉住不放的，不然我们就变成自流主义，或放任主义。退却要有终点，就是这个道理。然而这绝不能依靠小生产者的近视。我们应该学习的是布尔什维克的聪明。我们的眼力不够，应该借助于望远镜和显微镜。马克思主义的方法就是政治上军事上的望远镜和显微镜"①。

四、战略反攻是防御作战的最后阶段

战略反攻在整个防御作战中具有重要地位，防御作战中的退却，目的是为了反攻。我们要战胜绝对优势敌人的进攻，依靠在战略退却阶段中造成的有利于我不利于敌的、比较敌人开始进攻时起了变化的形势。然而，有利于我不利于敌的条件和形势的存在，还没有使敌人失败。这种条件和形势，具备着决定胜败的可能性，但还不是胜败的现实性，还没有实现两军的胜负。实现这个胜负，依靠两军的决战。只有决战，才能解决

---

① 《毛泽东选集》第一卷，人民出版社1991年版，第212页。

两军之间谁胜谁败的问题。这就是战略反攻阶段的全任务。反攻是一个长过程,是防御战的最精彩最活跃的阶段,也就是防御战的最后阶段。所谓积极防御,主要就是指这种带决战性的战略的反攻。"决战阶段的斗争,是全战争或全战役中最激烈、最复杂、最变化多端的,也是最困难、最艰苦的,在指挥上说来,是最不容易的时节"①。在战略反攻阶段,主要有反攻开始、集中兵力、运动战、速决战以及歼灭战等问题。

第一,反攻开始问题,即所谓"初战"或"序战"问题。不论在战略防御或战略进攻中,都要慎重初战,而在战略防御作战中更应如此。红军五次反"围剿"作战的经验充分证明,处在防御地位的红军,要打破强大敌人的"围剿",反攻的第一个战斗关系非常之大。第一个战斗的胜败极大地影响于全局,乃至一直影响到最后一个战斗。因此,必须慎重初战,反攻的第一个战斗必须打胜,确有把握而后动手;必须全局在胸,初战的计划必须是全战役计划的有机的序幕;必须着眼过程与长远,要想到下一战略阶段的文章,退却阶段时必须计算到反攻阶段,反攻阶段时必须计算到进攻阶段,进攻阶段时又须计算到退却阶段。没有这种计算,束缚于眼前的利害,就是失败之道。"必须打胜;必须照顾全战役计划;必须照顾下一战略阶段:这是反攻开始,即打第一仗时,不可忘记的三个原则"②。

---

① 《毛泽东选集》第一卷,人民出版社 1991 年版,第 215—216 页。
② 《毛泽东选集》第一卷,人民出版社 1991 年版,第 222 页。

第二，集中兵力问题。从全局高度研究战争，把握战争全局的战略重点，集中优势兵力，是改变总的防御作战的进与退、攻与守以及内线与外线形势，牢牢把握战略主动权，争取反攻以及进攻胜利的关键。

集中兵力知易行难，人们都知道以多胜少是最好的办法，但很多人不能做，反而每每分散兵力。其思想方法论根源，就在于指导者缺乏战略头脑，为复杂的环境所迷惑，因而被环境所支配，失掉自主能力，采取了应付主义。无论处于怎样复杂、严重、惨苦的环境，军事指导者首先需要的是具有明确的战略目标指向和高超的战略运筹能力，独立自主地组织和使用自己的力量，把握战略主动权。在战争中被敌人逼迫到被动地位的事是常有的，重要的是必须迅速恢复主动地位。否则，随之就是失败。主动地位不是空想的，而是具体的、物质的，最重要的是保存并集结最大而有活力的军队。

防御战本来容易陷入被动地位，大不如进攻战之能够充分地发挥主动权。但防御战能够在被动的形式中具有主动的内容，能够由形式上的被动阶段转入形式上内容上的主动阶段。完全有计划的战略退却在形式上是被逼出来的，但在内容上是保存军力、待机破敌，是诱敌深入、准备反攻。只有不肯退却，仓促应战，表面上似乎在力争主动，实际上是被动的。战略反攻，则不但内容是主动的，形式上也放弃了退却时的被动姿态。对于敌军来说，反攻是我军强迫它放弃主动权，同时即给以被动地位的努力。

战略反攻无论在形式上还是在内容上都是主动的。要完全达到这种目的，集中兵力、运动战、速决战、歼灭战，都是必要的条件，而集中兵力是首先的和主要的条件。集中兵力为改变敌我形势之必需。一是为了改变进退的形势。过去是敌进我退，现在是要达到我进敌退的目的。集中兵力一战而胜，这个目的在本战斗就达到了，也给予影响于全战役。二是为了改变攻守的形势。退却到退却终点，在防御战中基本上属于消极阶段，即"守"的阶段。反攻则属于积极阶段，即"攻"的阶段。虽然在整个战略防御中并没有脱离防御性质，然而反攻和退却相较，在形式上而且内容上是起了变化的东西。反攻是战略防御和战略进攻之间的过渡的东西，带着战略进攻前夜的性质，集中兵力就为达此目的。三是为了改变内外线的形势。处于战略上内线作战的军队，特别是处于被"围剿"环境的红军，蒙受许多不利。但可以而且完全应该在战役或战斗上把它改变过来。将敌军对我军的一个大"围剿"改变为我军对敌军的许多个别的小围剿，将敌军对我军在战略上的分进合击改变为我军对敌军在战役或战斗上的分进合击，将敌军对我军在战略上的优势改变为我军对敌军在战役或战斗上的优势，使战略上处于强者地位的敌军在战役或战斗上处于弱者地位。同时，将自己战略上的弱者地位改变为战役或战斗上的强者地位。这就是所谓内线作战中的外线作战，"围剿"中的围剿，封锁中的封锁，防御中的进攻，劣势中的优势，弱者中的强者，不利中的有利，被动中的主动。从战略防御中争取胜利，基本上靠了集中兵力的一着。

　　毛泽东深刻总结在"左"的军事平均主义路线指导下，不能把握战争全局、不能把握战略重点、不能集中兵力战胜敌人，红军反"围剿"遭受种种不利和损失的沉痛教训，说

第六章 战略防御：中国革命战争的主要形式

明集中兵力对于取得战争胜利的极端重要性。1929年10月，中共赣西特委提出了"攻取吉安"的口号，把"攻取吉安"作为"夺取江西全省"的重要步骤。从1929年10月到1930年10月，在一年的时间中，红军发动了9次攻击战斗。毛泽东说，1930年10月4日吉安之役，不待兵力完全集中就实行开进和攻击，幸而敌人自己逃走了，我们的攻击本身并没有奏效。这是攻打吉安的第九次战斗。9月13日，红一方面军总前委制定了"由株萍路回师袭击赣敌，以红一军团攻取吉安"的决策。10月2日，红一军团集结于吉水阜田一线，当日午后红军分五队向吉安进发。10月3日下午2时，各路部队全部到达吉安城郊。总部在城北山前村发布了10月4日拂晓总攻吉安城的命令；命红四军任左翼向螺子山、真君山之国民党军阵地攻击；红二十军任正面向真君山、天华山一线之国民党军佯攻；红三军与红十二军任右翼向天华山、神岗山一线之国民党军攻击。国民党吉安城守军邓英部在西面各个山头上修筑炮台、碉堡、战壕等工事，挖了七道壕沟，埋竹钉、暗桩，架铁丝电网，加上赣江天堑，形成了一个圆形外围纵深防线。10月4日拂晓，红军和10万赤卫队、少先队向吉安城发起总攻。红二十军攻克真君山，红四军攻克城北雷公桥，有一个连打进了北城门，但因后援不及，被压出城外。当晚9时许，红军从城西突破敌人阵地，攻入城中心的中山路大街。邓英见势不妙，乘船从赣江逃跑，红军于4日午夜占领吉安城。"攻取吉安"的胜利开创了江西红色割据区域斗争的新局面，将赣西南苏区和闽西苏区连成一片，并为第一次反"围剿"斗争的胜利奠定了坚实基础。

1932年开始，临时中央和苏区中央局推行军事冒险主义，提出"全线出击"的口号，要求从根据地的东西南北四面出击。这不但在战略防御时不对，就是在战略进攻时也是不对的。在整个敌我对比的形势没有根本改变的时候，无论战略或战术，都有防御和进攻、钳制和突击的两方面，事实上绝少所谓全线出击。全线出击的口号，是伴随军事冒险主义而来的军事平均主义。

到了1933年，当敌人加紧准备对中央根据地进行第五次"围剿"之时，搬到根据地的临时中央极力推行军事冒险主义和军事平均主义，不做反"围剿"准备，继续实行"进攻路线"，提出"两个拳头打人"，把红军主力分割为二，以红十军团为主组成中央军，在抚河流域牵制敌人，破坏敌人作战计划；以红三军团为主组成东方军入闽作战，企图在两个战略方向同时求胜。但结果是一个拳头置于无用，一个拳头打得很疲劳，而且没有当时可能取得的最大胜利。当敌人"围剿"开始时仓促应战，并拒绝采取诱敌深入方针，提出"御敌于国门之外"，要求红军在苏区之外战胜敌人。当军事冒险主义遭到失败后，又转变为军事保守主义，消极防御，处处设防，节节抵抗，企图以阵地防御结合短促突击，迟滞敌人进攻。军事平均主义到1934年第五次反"围剿"时发展到了极点。中共六届五中全会错误断定第五次反"围剿"是"争取中国革命完全胜利的斗争"，主张以主力对主力、持久对持久、堡垒对堡垒，不让敌人侵占寸土，提出"六路分兵""全线抵御"，非但没能制敌，反而为敌所制，使红军遭受了很大损失。在军事保守主义遭到失败后，被敌人所吓倒，没有勇气突破敌人的

第六章 战略防御：中国革命战争的主要形式

围攻，不敢实行向敌人后方无堡垒地区作战的方针，而是最终演变为逃跑主义，只考虑如何摆脱敌人的"围剿"，消极避战，在红军主力尚未做好准备的情况下，仓促下令退出中央根据地，使第五次反"围剿"遭到失败，中央红军被迫长征。

毛泽东主张从全局和长远的眼光看待得与失，指出局部的和暂时的失，换来的是全局的和长远的得；集中兵力使钳制方向遭受了损失，但换来了突击方向的胜利。集中主力于一个方向，其他方向剩下了钳制力量，自然不免使土地受到损失。但这是暂时的局部的损失，其代价是突击方向取得了胜利。在有强大敌军存在的条件下，无论自己有多少军队，在一个时间内，主要的使用方向只应有一个，不应有两个。中国红军以弱小者的姿态出现于内战的战场，其迭挫强敌震惊世界的战绩，依赖于兵力集中使用者甚大。无论哪一个大胜仗，都可以证明这一点。"以一当十，以十当百"是战略的说法，是对整个战争整个敌我对比而言的，不是对战役和战术而言的。在战役和战术上，无论在反攻还是进攻中，我们总是集结大力打敌一部。"我们的战略是'以一当十'，我们的战术是'以十当一'，这是我们制胜敌人的根本法则之一"①。

有人说由于敌人的第五次"围剿"实行"堡垒主义"政策，我们不能集中作战，只能分兵防御从事短促突击。毛泽东针锋相对地指出，这种说法也是不对的。敌人之所以采取三里五里一进、十里八里一推的堡垒主义作战法，完全是红军自己的节节抗御促成的。如果我军在内线放弃节节抗御的战法，再

---

① 《毛泽东选集》第一卷，人民出版社 1991 年版，第 225 页。

重读《中国革命战争的战略问题》

在必要和可能时转向敌人的内线打去,就必然会出现另外一种局面。"集中兵力的法则,正是战胜堡垒主义的工具"①。

　　毛泽东主张要唯物而辩证地看待集中兵力。我们主张集中兵力,并不是放弃人民的游击战争。从整个革命战争的观点看来,人民的游击战争和主力红军是互为左右手,只有主力红军而无人民的游击战争,就像一个独臂将军。根据地的人民条件,具体地说来,特别是对于作战说来,就是有武装起来了的人民。将红军的支队置于次要的作战方向也是必要的,不是一切都要集中。我们主张的集中兵力,是建立在保证对于战场作战的绝对或相对优势的原则上。对于强敌或关系紧要的战场作战,应以绝对优势的兵力临之。对于弱敌或无关紧要的战场作战,临之以相对优势的兵力也就够了。也不是说每次都要优势兵力。在某种情况下,也可以用相对劣势或绝对劣势兵力出现于战场。相对劣势,例如某一区域仅仅有一支不大的红军(不是有兵而不集中),为着打破某一优势敌人的进攻,在人民、地形或天候等条件能给我们以大的援助时,以游击队或小支队钳制其正面及一翼,红军集中全力突然袭击其另一翼的一部分,当然也是必要的,并且是可以胜利的。当我袭击其一翼的一部分时,兵力的对比仍适用以优势对劣势、以多胜少的原则。绝对劣势,例如游击队袭击白军大队伍,仅仅是袭击其一小部分,同样适用上述的原则。集中大军于一个战场作战,受限制于地形、道路、给养、驻处等的说法,也应分别情形去看。这些限制,对于红军和白军是有程度上的区别的,因为红

---

① 《毛泽东选集》第一卷,人民出版社 1991 年版,第 227 页。

第六章 战略防御：中国革命战争的主要形式

军较之白军能够忍受更大的困难。

毛泽东说，"我们是以少胜多的——我们向整个中国统治者这样说。我们又是以多胜少的——我们向战场上作战的各个局部的敌人这样说。这件事情已经不是什么秘密，敌人一般地都摸熟我们的脾气了。然而敌人不能取消我们的胜利，也不能避免他们的损失，因为何时何地我们这样做，他们不晓得。这一点我们是保守秘密的。红军的作战一般是奇袭"①。

第三，运动战、游击战与阵地战。运动战，即机动战，是在战役和战斗中集中优势兵力、具有进攻性与流动性的作战形式。在敌强我弱的情况下，中国革命战争在战略上是内线的持久的防御战，在战役战斗上则是外线的速决的进攻战。实行运动战，有很多方面的问题，如侦察、判断、决心、战斗部署、指挥、荫蔽、集中、开进、展开、攻击、追击、袭击、阵地攻击、阵地防御、遭遇战、退却、夜战、特种战斗、避强打弱、围城打援、佯攻、防空、处在几个敌人之间、超越敌人作战、连续作战、无后方作战、养精蓄锐之必要等。

红军反"围剿"战争的战略目的，就是消灭敌人、粉碎"围剿"，保存和壮大自己，巩固和发展根据地。这个战略目标、战略目的是明确而坚定的，这是谋划、指导和进行战争的根本依据、根本的出发点和落脚点。红军大的作战目的、作战方向是相对稳定的；但为了达到这个大的作战目的、贯彻这个大的作战方向，就必须恰当采取和适时变更小的作战方向，正确运用自己的力量和资源，在不同的小的作战方向上确定自己

---

① 《毛泽东选集》第一卷，人民出版社 1991 年版，第 228 页。

的作战线，在灵活机动的运动战中消灭敌人。这就是说，我们在战略上是有规则有定向的，但具体的战役战斗是不规则无定向的。英国战略学家利德尔·哈特在《战略论》一书的"前言"中说："战略学告诉我们，最重要的一条是，既要经常保持固定的目标，而在追求这个目标时，则应该适应环境，并随时改变路线……不仅要注意目标的本身，而且还要考虑到接近目标的方法。避免向坚固的阵地作正面的突击，尽量从侧翼采取迂回行动以猛击最要害的地点，这就是采取间接路线。"[①] 进行战争谋划与指导，既要明确战略目的、确定战略方向，又要根据实际情况确定小的作战方向和作战线，运用好各种资源、力量、手段，以实现战略目标。

在反"围剿"战争中，也存在着打运动战还是打阵地战的不同主张。与"左"倾教条主义和军事冒险主义、军事平均主义、军事保守主义不同，毛泽东旗帜鲜明地主张运动战，在兵力敌强我弱，装备敌精我劣，从战略总体上敌人处于进攻地位、我处于防御地位的情势下，必须采取积极防御的战略，在运动中歼灭敌人。毛泽东指出，在没有广大兵力、没有弹药补充、每一个根据地打来打去仅有一支红军的条件下，阵地战对于我们不但防御时基本不能用它，就是进攻时也同样不能用。在敌人强大和红军技术贫弱的情况下，红军作战的显著特点之一，就是没有固定的作战线。因为红军的作战线服从于红军的作战方向，作战方向不固定影响到作战线不固定。大方向

[①] [英]利德尔·哈特：《战略论》，中国人民解放军军事科学院译，战士出版社1981年版，第7页。

第六章 战略防御:中国革命战争的主要形式

虽在一个时期中是不变更的,然而大方向内的小方向则是随时变更的,一个方向受了限制,就得转到另一个方向去。一个时期之后大方向也受了限制,就连这种大方向也得变更了。

一切战争都没有绝对固定的作战线,因为战争胜负进退的变化是不许可如此的。在敌我强弱悬殊的情况下,红军作战线的不固定影响到根据地领土的不固定,并进而影响到根据地各种建设工作也发生流动性。要从这个特点出发,规定我们的日程,不要幻想有进无退的战争,不要震惊于领土和军事后方的暂时的流动,不要企图建立长时期的具体计划。我们的思想、工作要适应于这种情况,准备坐下,又准备走路。只有在现在的流动生活中努力,才能争取将来的比较的不流动,才能争取最后的稳定。在内战的战略防御时期,我们的工农民主共和国还是一个不完全的国家,我们军队的数量和技术较之敌人还差得远,我们的领土还很小,我们的敌人时刻都想要消灭我们。要据此规定我们的方针,不是一般地反对游击主义,而是老老实实地承认红军的游击性。游击性正是我们的特点和长处,正是我们战胜敌人的工具。游击性在将来一定是必须抛弃的东西,但在今天却是宝贵的和必须坚持的东西。"打得赢就打,打不赢就走",是对运动战的通俗解释。天下没有只承认打不承认走的军事家,不过不如我们走得这么厉害。我们走路的时间通常多于作战的时间,而一切"走"都是为着"打",我们的一切战略战役方针都是建立在"打"的基本点上。在我们面前有几种不好打的情形:第一,当面的敌人多了不好打;第二,当面敌人虽不多,但它和邻近敌人十分密接,也有时不好打;第三,一般说来,凡不孤立而占有十分巩固阵地之敌都不好打；第四，打而不能解决战斗时，不好再继续打。在以上这些时候，我们都是准备走的。这样的走是许可的、必须的。因为我们承认必须走，是在首先承认必须打的条件之下的。

在强调坚持运动战的同时，毛泽东也不否定必要的阵地战。他说，基本的是运动战，并不是拒绝必要的和可能的阵地战。战略防御时，我们钳制方面某些支点的固守，战略进攻时遇着孤立无援之敌，都应该承认用阵地战去对付。我们要提倡那种在情况需要而且许可下的阵地攻击和阵地防御。我们所反对的仅仅是在今天采取一般的阵地战，或者把阵地战和运动战平等看待。

对于游击性，要作辩证的分析和看待。毛泽东指出，游击主义有两个方面：一方面是其非正规性，就是不集中、不统一、纪律不严、工作方法简单化等，这些东西是红军幼年时代本身带来的，有些在当时还正是需要的。但到了红军的高级阶段，必须逐渐地自觉地去掉它们，使红军更集中、更统一、更有纪律，工作更周密，使之更带正规性。在作战指挥上，也应逐渐自觉地减少那些在高级阶段所不必要的游击性。如果拒绝前进，固执地停顿于旧阶段，是不允许的、有害的，是不利于大规模作战的。另一方面是运动战的方针，是现在还需要的战略和战役作战的游击性，是无法阻止的根据地的流动性，是根据地建设计划的灵活变更性，是在红军建设上的不要不适时宜的正规化。若拒绝历史事实，反对保留有用的东西，贸然地脱离现阶段，盲目地跑向可望不可即的、在当前没有现实意义的所谓"新阶段"，同样是不许可的、有害的，是不利于当前作战的。我们现在处在红军技术和组织的下一新阶段的前夜，应

第六章 战略防御：中国革命战争的主要形式

该准备转变到新阶段去。不做这种准备是不对的，是不利于将来的战争的。在将来，红军的技术和组织条件改变了，红军建设进到了新阶段，红军的作战方向和作战线的比较固定就出现了；阵地战增加了；战争的流动性、领土和建设的流动性大大减少并最后消灭了；现在限制着我们的东西如像优势的敌人及其据守的巩固阵地，就不能限制我们了。我们现在一方面要反对"左"倾机会主义统治时期的错误办法，另一方面也要反对复活红军幼年时代的许多在现时不需要的非正规性。但我们要坚决恢复红军一路来用以打胜仗的许多可宝贵的建军原则和战略战术原则。"我们要把所有一切过去的优良的东西都总结起来，成为有系统的更发展的更丰富的军事路线，以便争取在今天战胜敌人，并且准备在将来转变到新阶段去"[①]。

第四，持久战与速决战。毛泽东说，"战略的持久战，战役和战斗的速决战，这是一件事的两方面，这是国内战争的两个同时并重的原则，也可以适用于反对帝国主义的战争"[②]。毛泽东在总结土地革命战争经验的基础上，提出了战略的内线持久的防御战与战役战斗的外线速决的进攻战这两个在战略防御作战中同时并重的原则。这两个原则在国内革命战争与民族战争中、游击战和运动战中是普遍适用的。

中国革命战争是在敌强我弱的历史条件下进行的。毛泽东指出，"在战役和战斗上面争取速决，古今中外都是相同的。在战争问题上，古今中外也都无不要求速决，旷日持久总是认

---

① 《毛泽东选集》第一卷，人民出版社1991年版，第233页。
② 《毛泽东选集》第一卷，人民出版社1991年版，第233页。

为不利。惟独中国的战争不能不以最大的忍耐性对待之，不能不以持久战对待之"①。由于反动势力雄厚强大，革命势力是在与敌人的斗争中逐渐生长壮大的，这就规定了中国革命战争的持久性。在战略全局上，敌人是进攻的，我军是防御的；敌人处在外线，我军处在内线；敌人企图速决，我军则要求持久。这种敌强我弱的状况使我军在全局上蒙受了许多不利，但又不是短时间内能够改变的。如果国内革命力量的累积尚不足以突破内外敌人的主要阵地，国际革命力量没有打破和钳制大部分国际反动势力，我们的革命战争依然是持久的，我们只能在战略的持久战中逐步发展壮大，最终战胜敌人。从这一点出发规定我们长期作战的战略方针，是战略指导的重要方针之一。当敌强我弱的形势没有根本改变，若企图速决，"灭此朝食"，急于与敌人进行决战，是要吃亏的。

内线的持久的防御战与外线的速决的进攻战是相辅相成的。我们能够而且必须在战略的防御战中采取战役和战斗的进攻战，在战略的持久战中采取战役和战斗的速决战；在战略的内线作战中采取战役和战斗的外线作战，即"外线的速决的进攻战"。外线作战的中心是进攻。而所谓外线，是指进攻的范围；所谓速决，是指进攻的时间。我军之所以实行战役战斗的外线速决的进攻战，一是红军的武器尤其是弹药没有来源；二是白军有很多支部队，红军只有一支部队，打破一次"围剿"要准备迅速的连续的作战；三是白军各个虽然分进，但多是比较密集，打它们中间的一个如果不能迅速地解决战斗，

---

① 《毛泽东选集》第一卷，人民出版社1991年版，第234页。

第六章　战略防御：中国革命战争的主要形式

其余各个就都来了。为此，不能不实行速决战。在反"围剿"战争中，进攻我们的敌人虽然强大，但他们又不得不分成若干路，每路又分成若干梯队，各路各梯队之间都有一定的间隙。因此，我军可以集中优势兵力，各个包围歼灭敌人，积小胜为大胜，逐渐改变敌我力量对比，最终打破敌人的进攻。只有在"围城打援"的方针下，目的不在打围敌，而在打援敌，对围敌作战是准备着相当持久的，但对援敌仍然是速决。战略防御时固守钳制方面的据点，战略进攻时打孤立无援之敌，消灭根据地中的白色据点，这些时候也常常给予战役或战斗以持久方针。然而这些持久战，只是帮助而并不妨碍主力红军的速决战。

要取得速决战的成功，还必须加上许多具体的条件，其中主要的条件是准备充足，不失时机，集中优势兵力，包围迂回战术，良好阵地，打运动中之敌，或打驻止而阵地尚不巩固之敌。若没有这些条件，求得战役或战斗的速决是不可能的。打破一次"围剿"属于一个大战役，依然适用速决原则，而不是持久原则。因为根据地的人力、财力、军力等项条件都不许可持久。但在一般的速决原则之下，要反对不正当的急躁性。一个革命根据地的最高军事政治领导机关，既要估计到根据地的这些条件，又要估计到敌方的情况，不为敌之气势汹汹所吓倒，不为尚能忍耐的困难所沮丧，不为某些挫折而灰心，给予必要的耐心和持久，是完全必要的。除了战役战斗计划力争集中兵力和运动战等等条件、务期在内线消灭敌之有生力量、迅速解决"围剿"以外，当"围剿"已经证明无法在内线解决时，应该使用红军主力突破敌之围攻线，转入我之外线即敌之内线去解决这个问题。

第五，歼灭战。所谓歼灭战，就是在战役战斗中解除敌人武装，剥夺敌人的抵抗力，俘虏和毙伤敌全部或大部人员，摧毁或缴获敌人全部或大部武器、装备和器材。在战役战斗上集中优势兵力歼灭敌人，是我军作战的基本方针，是毛泽东战略战术思想的核心。

1928年底，毛泽东总结反对敌人对井冈山"进剿""会剿"斗争的经验，提出"利用正确的战术，不战则已，战则必胜，必有俘获，如此可以逐渐扩大红军"①。在之后的反"围剿"斗争中，毛泽东指挥红军打歼灭战，消灭敌人，壮大自己。1930年底，在第一次反"围剿"的龙冈战斗中，毛泽东、朱德指挥红一方面军全歼敌人一个师部和两个旅，活捉师长张辉瓒，并缴获各种武器9000余件。毛泽东指出，与敌人"拼消耗"的主张对于中国红军来说是不合时宜的，"比宝"不是龙王向龙王比，而是乞丐向龙王比，未免滑稽。"对于几乎一切都取给于敌方的红军，基本的方针是歼灭战。只有歼灭敌人的有生力量才能打破'围剿'和发展革命根据地"②。击溃战对于雄厚之敌不是基本上决定胜负的东西，歼灭战则对任何敌人都立即起了重大的影响。击溃乃至让敌逃去，只是对于全战斗或全战役中我军主力对确定之敌举行歼灭性作战而言有意义，否则便没有什么意义。对于人，伤其十指不如断其一指；对于敌，击溃其十个师不如歼灭其一个师。在前四次反

---

① 《毛泽东选集》第一卷，人民出版社1991年版，第81页。
② 《毛泽东选集》第一卷，人民出版社1991年版，第237页。

第六章 战略防御:中国革命战争的主要形式

"围剿"斗争中,我们的方针都是歼灭战。虽然每次歼灭的敌人只是全敌的一部分,但积小胜为大胜,打破了敌人的"围剿"。第五次反"围剿"采取了相反的方针,分散兵力,"两个拳头打人","御敌于国门之外",搞阵地战、消耗战,不能有效地消灭敌人,结果是人地两失,实际上是帮助敌人达到了他们的目的。

打歼灭战,要根据不同的战场情况提出不同的要求。不同的作战形式,执行歼灭任务的规模不同。一般说来,游击战只能执行小规模歼灭或消耗敌人的任务,运动战执行歼灭敌人的任务,阵地战有时执行半歼灭半消耗的任务,有时主要执行歼灭敌人的任务。在同一场战争中,在其初期、中期和后期各个发展阶段,由于战争经验、战场上力量对比变化,歼灭战的规模也是由小到大,由小的歼灭战到中等的乃至大的歼灭战转变。在歼敌程度方面,毛泽东强调力求全歼、不使漏网。这是在敌军分散孤立、敌之援兵不能迅速到达的情况下必须采取的正确方针。当敌军配置比较密集、每路敌人相隔不远且能相互协同支援的情况下,则应采取给敌人以歼灭性打击的方针和采取运动中半歼灭半击溃的作战方针。

歼灭战在战争中具有重要作用。战争的目的是保存自己、消灭敌人。保存自己的目的在于消灭敌人,而消灭敌人是保存自己的最有效的手段。而要消灭敌人,主要靠实行歼灭战。争取战争和战场作战的主动权,关键在于歼灭战。打击敌人士气,鼓舞我军民的信心,要靠歼灭战。

在歼灭战的指导思想上,要以歼灭敌人的有生力量为主要目标,不以保守地方或夺取地方为主要目标。在作战形式上,以运动战为主，将游击战、运动战、阵地战三种作战形式有机结合、恰当运用。在作战对象上，先打弱敌，后打强敌。在歼灭了许多弱敌之后，我军在全体上便由弱变强，敌人则在全体上由强变弱，从而根本改变敌强我弱的状况。在作战方法上，集中优势兵力，包围迂回，各个歼灭敌人。集中优势兵力的同时，还要集中主要方向，防止平分兵力，搞处处攻击或处处设防。包围敌人，使敌人陷入孤立而无法逃脱的境地，使我军处于外线作战的有力地位并能相互支援，为全歼敌人创造条件，这是歼灭战的部署原则；各个歼灭敌人，是歼灭战的基本打法。各个歼灭敌人，能逐渐改变战场敌我力量对比，使我军越战越强，并且在打一路之敌时，采取迂回、渗透、分割、穿插等战术，以便割裂敌人，使其首尾、各部难顾，从而各个歼灭。

五、战略进攻是对敌进行全面进攻与战略决战

战略进攻是战争的基本形式之一，是对战略防御之敌所实行的全面进攻，其任务是大量歼灭敌人有生力量，攻占敌军占领的战略地域，夺取战争的胜利。战略进攻与战略反攻都是以进攻的手段消灭敌人，但二者又有不同的特点。毛泽东在《中国革命战争的战略问题》中指出，反攻阶段关于反攻开始、集中兵力、运动战、速决战、歼灭战等问题的原则，不论对于反攻还是对于进攻，在其基本性质上是没有区别的。"在这个意义上，可以说反攻就是进攻。""然而反攻不完全是进攻。反攻原则，是在敌人进攻时应用的。进攻原则，是在敌人

第六章 战略防御：中国革命战争的主要形式

防御时应用的。"① 战略反攻是"敌取攻势我取守势时的战略形势和战略方针"，战略进攻则是"敌取守势我取攻势时的战略形势和战略方针"②。战略反攻作为战略防御作战的最后阶段，是战略进攻的前夜，可以直接导向战略进攻。积极防御的目的，主要就是为了实现带决战性质的战略反攻和战略进攻。

毛泽东在《中国革命战争的战略问题》中提出了"战略进攻"的概念，在部分章节中作了初步的探讨。但西安事变发生后，毛泽东终止了该文写作，这个问题就没有作专门的论述。在土地革命战争时期，当我们打破了敌人的一次"围剿"、敌人的新的"围剿"尚未到来时，红军实行攻势行动，以巩固反"围剿"的胜利，扩大根据地。这种进攻的范围和规模小，是由反攻直接延续、变化而来的。在抗日战争时期，我国军民在经历了战略防御、战略相持阶段后，中日双方的力量对比发生了根本的变化，到了抗日战争第三阶段，日本帝国主义退守溃败，中国则转入了战略反攻和进攻。在解放战争时期，中国共产党领导的人民军队和民兵武装在与国民党军队的斗争中，力量不断壮大，装备不断改善，战术不断提高，士气不断增强，解放区人民发展生产、支援前线的积极性空前高涨。在这种情况下，中共中央和中央军委决定解放战争第二年的基本任务是举行全国性反攻，以主力打到外线去，将战争引向国民党统治区，在外线大量歼灭敌人，同时以一部分兵力和广大地方部队继续在内线作战，歼灭内线敌人，收复失地。全

---

① 《毛泽东选集》第一卷，人民出版社1991年版，第216页。
② 《毛泽东选集》第二卷，人民出版社1991年版，第428页。

面内战爆发后，鉴于敌我力量对比已非十分悬殊，在实行战略防御时，党和毛泽东就开始考虑战略反攻，提出了向外线出击的计划。从1947年7月到1948年6月，我军经过一年战略进攻作战，歼敌112万人，其中正规军78万人，解放城市164座、人口3700万，打破了敌人全面防御和分区防御计划，使各解放区连成一片，并开辟了中原解放区。在战略进攻作战实践中，党和毛泽东提出了一系列指导战略进攻的原则与方针，形成了系统的战略进攻理论。

第一，根据战争形势确定战略进攻时机。在战争史上，战争中战略防御的一方转入战略进攻，一般是在进攻一方兵力转为劣势、防御一方兵力转为优势的情况下发生的。1947年3月，毛泽东曾设想当年全部时间均可用于内线作战。但随后几个月的战局迅速发展变化，虽然我军总兵力仍少于敌军，但机动兵力已超过敌军，并且装备改善，战斗力大大加强。而国民党军队的攻势已成强弩之末，且后方空虚，国统区内民主运动空前高涨，但国民党却仍然将战争继续引向解放区，企图继续大量消耗解放区的人力物力，使我军因后备力量不足而难以持久。当时的山东、陕北等解放区因长期遭受战争破坏，出现了严重困难。在这种情况下，毛泽东于同年5月提出外线出击问题，于同年9月确定我军第二年作战的基本任务，是"举行全国性的反攻，即以主力打到外线去，将战争引向国民党区域，在外线大量歼敌，彻底破坏国民党将战争继续引向解放区、进一步破坏和消耗解放区的人力物力、使我不能持久的反

第六章 战略防御：中国革命战争的主要形式

革命战略方针"①。1947年夏季后，我军在战略上已处于有利态势，政治上具有巨大优势，弥补了总兵力的相对劣势。党和毛泽东抓住这一有利时机，果断以我军主力打到外线，转入战略进攻，迫使国民党军队主力从我解放区撤退，我军所需的人力物力也能从国统区解决，造成了国统区经济的进一步恶化以及我解放区经济的恢复发展，从而使敌我双方的政治、军事、经济状况发生了重大变化，大大加速了解放战争的进程。

第二，审慎而正确地选择战略进攻突击方向。将战略进攻的重点方向确定在敌人兵力空虚的战略纵深和关乎国民党统治安危的腹心地带，即以大别山为前哨的中原地区，以南线我军主力展开全面外线进攻，将战争引向国民党统治区。从1947年8月中旬起，刘邓大军脱离后方，千里跃进大别山，到当月底完成任务。为掩护刘邓大军进军，陈毅、粟裕率华东野战军主力挺进鲁西南；改变陈赓部加入西北战场的决定，命陈赓、谢富治兵团在豫西强渡黄河，配合刘邓大军行动。我军越向敌人后方前进，在敌人腹心地带建立前进基地，积极展开反攻，越能使敌人孤悬于我侧后的据点被迫减弱或撤退，迫使敌人被动招架，使我方完全掌握战略主动权。

第三，内线作战与外线作战相互策应协同。在人民解放军转入战略进攻阶段后，国民党军队仍未放弃对山东、陕北解放区的进攻，在东北和华北战场的国民党军队还占据着原解放区的部分地区，并企图在与我军的相持中重新取得主动。而南线的国民党军队将重兵置于山东和陕北，其中间地带即中原地区

---

① 《毛泽东选集》第四卷，人民出版社1991年版，第1230页。

兵力空虚，统治也比较薄弱，形成了一个"哑铃"状的战线。毛泽东在为中央起草的《解放战争第二年的战略方针》中，要求以一部分主力和广大地方部队继续在内线作战，歼灭内线之敌，收复失地。中央军委要求西北野战军和华东野战军内线兵团，在我军大举出击中原的情况下，敌人对陕北和胶东的进攻不可能持久，我军只要在内线坚持一段时间，以积极行动钳制当面之敌，保证外线兵团站稳脚跟，则全局必起变化，内线战场之敌也决不能持久维持攻势。并指示东北、晋察冀、晋冀鲁豫战场我军积极发动攻势，歼灭当面之敌。已转入外线的刘邓、陈谢、陈粟三支野战军在中原协同作战。刘邓部在大别山建立根据地遭敌人重兵围攻时，则以一部兵力跃出外线，在大别山地区内线与外线配合作战。我军在全国战场上内线和外线相互策应、协同作战，形成了中央突破、三军挺进、两翼钳制、内线外线作战紧密配合的战略布局，有效地钳制和分散、调动了敌军，使其完全陷入被动境地。在不到一年的时间中，我军不仅建立了大片新的根据地，而且基本收复了内线的全部失地。

第四，力求打运动战，加强阵地战。根据我军转入战略进攻时敌我力量对比状况，我军力求打运动战，特别是在转入外线作战初期，主要打中小规模的运动战，避免与敌军主力进行会战性战役或对坚固城市实施攻坚战，要在运动战中大批消灭敌人。在刘邓大军挺进大别山时，毛泽东就指示刘邓野战军用全副精神注意于运动中大批歼灭敌人。而随着我军作战条件逐步改善，则逐步扩大运动战规模，还可以设法攻取敌军中等设防或坚固设防的城市，并同时组织打援。我军对敌人重点据点

第六章 战略防御：中国革命战争的主要形式

的攻坚，往往又迫使敌人突围或派兵增援，这又为我军打大规模的运动战创造了条件，并由打大规模的歼灭战向战略决战逐步过渡。

第五，提出了十大军事原则。在人民解放军转入战略进攻的形势下，1947年12月，中共中央在陕北米脂县杨家沟召开重要会议，毛泽东作了《目前形势和我们的任务》的报告，提出了十大军事原则：（1）先打分散和孤立之敌，后打集中和强大之敌。（2）先取小城市、中等城市和广大乡村，后取大城市。（3）以歼灭敌人有生力量为主要目标，不以保守或夺取城市和地方为主要目标。（4）每战集中绝对优势兵力（两倍、三倍、四倍、有时甚至是五倍或六倍于敌之兵力），四面包围敌人，力求全歼，不使漏网。在特殊情况下，则采用给敌以歼灭性打击的方法，即集中全力打敌正面及其一翼或两翼，求达歼灭其一部、击溃其另一部的目的，以便我军能够迅速转移兵力歼击他部敌军。力求避免打那种得不偿失的、或得失相当的消耗战。这样，在全体上，我们是劣势（就数量来说），但在每一个局部上，在每一个具体战役上，我们是绝对的优势，这就保证了战役的胜利。随着时间的推移，我们就将在全体上转变为优势，直到歼灭一切敌人。（5）不打无准备之仗，不打无把握之仗，每战都应力求有准备，力求在敌我条件对比下有胜利的把握。（6）发扬勇敢战斗、不怕牺牲、不怕疲劳和连续作战（即在短期内不休息地接连打几仗）的作风。（7）力求在运动中歼灭敌人。同时，注重阵地攻击战术，夺取敌人的据点和城市。（8）在攻城问题上，一切敌人守备薄弱的据点和城市，坚决夺取之。一切敌人有中等程度的守备、而环境又许可加以夺取的据点和城市,相机夺取之。一切敌人守备强固的据点和城市,则等候条件成熟时然后夺取之。(9) 以俘获敌人的全部武器和大部人员,补充自己。我军人力物力的来源,主要在前线。(10) 善于利用两个战役之间的间隙,休息和整训部队。① 十大军事原则是党领导人民军队与国内外敌人长期作战的经验总结,是战胜敌人的主要方法,并完全适合解放战争战略进攻的实际情况,其精神实质,就是集中优势兵力打歼灭战。

从1948年9月到1949年1月,是解放战争的战略决战阶段。在这一阶段中,人民解放军发起济南战役,揭开了战略决战的序幕,此后相继进行了辽沈、淮海、平津三大战役,同国民党军队展开了举世罕见的大规模战略决战。在战略决战的伟大实践中,党和毛泽东形成并成功运用了战略决战的思想。战略决战的胜利标志着中国共产党领导的中国革命战争取得了根本性胜利;毛泽东战略决战思想的形成和成功实践,标志着毛泽东军事思想的极大丰富和发展。在土地革命战争时期,毛泽东初步提出了战略决战问题;在抗日战争时期,阐述了战略决战思想,将战略决战作为战略反攻的任务;在解放战争进入战略进攻阶段,敌我力量对比发生根本变化,党和毛泽东的战略决战思想得以形成并逐步丰富完善。战略决战的原则主要有:执行有利决战,避免不利决战;正确选定战役突击方向,集中优势兵力,各个歼灭敌人;大规模运动战与大规模阵地战相结合,在战略决战中全歼敌重兵集团;组织规模宏大的后勤保障

---

① 参见《毛泽东选集》第四卷,人民出版社1991年版,第1247—1248页。

和支前工作，有效保障大部队作战。

从1949年2月到1950年6月，是解放战争战略进攻的战略追击阶段。战略追击的目的是追击歼灭残余敌军，解放尚未解放的国土。毛泽东根据这一阶段新的作战特点，提出了大迂回、大包围的作战方针，在总结作战实践经验的基础上提出了一些新的作战原则和方针。如继续以消灭敌人有生力量为主，同时实行先占城市后占乡村；采取远距离大迂回、大包围方针，追歼残敌；研究岛屿进攻战的特点与战法。

在解放战争中，党和毛泽东丰富发展了人民战争理论，主要有人民是战争胜败的决定力量，要坚定地依靠人民，敢于斗争、敢于胜利；战略上要藐视敌人，战术上要重视敌人；立足独立自主、自力更生，争取革命政治胜利。同时，开展土地改革，发动农民参军参战；加强统战工作，以非武装斗争同武装斗争相配合；等等。

第七章 《中国革命战争的战略问题》的历史地位与当代价值

毛泽东的《中国革命战争的战略问题》，总结、概括土地革命战争的经验，使中国共产党领导的中国革命战争的理论与战略系统化科学化，为中国共产党指导即将到来的全民族抗日战争提供了坚实的理论、方法与战略。这篇著作也具有超越时空的意义与价值，其所贯穿和体现的马克思主义世界观方法论，对于当代中国共产党人认识国情与世情，科学判断国际形势与国内形势，制定和实施国家总体战略与各领域各方面各阶段的战略策略，推进中国特色社会主义事业发展，仍具有重大的现实意义和深远的历史意义。

一、深刻总结概括提炼了中国共产党 领导土地革命战争的历史经验

马克思主义揭示了社会发展的一般规律和总的趋势，对于工人阶级及其政党认识世界和改造世界具有普遍的指导意义。

第七章 《中国革命战争的战略问题》的历史地位与当代价值

但它所提供的只是总的指导原理,而不是具体的方案。每个国家国情不同,因而这些原理的应用在各个国家也是有所不同的。近代以来的中国,是一个半殖民地半封建的东方大国,各种矛盾错综复杂,经济政治发展极不平衡。这种特殊国情决定了中国革命的极端复杂性、艰巨性和独特性。毛泽东在中国共产党第七次全国代表大会上的口头政治报告中指出,中国新民主主义革命的路线、纲领,就是无产阶级领导的、人民大众的、反帝反封建的民族民主革命。这条路线里面有一个队伍问题、一个敌人问题,还有一个队伍的领导者、指挥官问题。这个队伍就是人民大众,这个敌人就是帝国主义和封建势力,这个领导者、指挥官就是无产阶级。人民大众最主要的部分是农民,中国民主革命的主要力量是农民。若忘记了农民,就没有中国的民主革命;没有中国的民主革命,也就没有中国的社会主义革命。我们马克思主义的书读得很多,但是要注意不要把"农民"这两个字忘记了,这两个字忘记了,就是读一百万册马克思主义的书也是没有用处的,因为你没有力量。[①] 要指导中国革命走向胜利,不能靠背诵马克思主义的词句,也不能照搬别国革命的经验,只能创造性地运用马克思主义,探索适合中国实际的革命道路。

中国共产党自成立以来,就在马克思主义指导下艰辛探索争取民族独立、国家富强、人民幸福的道路,领导人民进行了艰苦卓绝的斗争。由于以蒋介石为首的国民党右派背叛革命,同时也由于中国共产党内右倾机会主义的错误领导,放弃

---

① 参见《毛泽东文集》第三卷,人民出版社 1996 年版,第 304—305 页。

对于中国革命特别是对于军事斗争的领导权,导致第一次国内革命战争失败,中国共产党及其领导下的人民遭受了残酷的镇压和屠杀。在关系党和革命事业前途命运的关键时刻,中共中央政治局于1927年8月7日在汉口召开紧急会议,批判和纠正了陈独秀右倾机会主义错误,确定了土地革命和武装斗争的总方针。在这次会议上,毛泽东在发言中从国共合作时不坚持政治上独立性、党中央不倾听下级和群众意见、抑制农民革命、放弃军事领导权等四个方面批评陈独秀的右倾错误,强调指出"以后要非常注意军事,须知政权是由枪杆子中取得的"。会议讨论通过了《中国共产党中央执行委员会告全党党员书》《最近农民斗争的议决案》《最近职工运动议决案》《党的组织问题议决案》等决议,指出土地革命是中国资产阶级民主革命的中心问题,是中国革命新阶段的主要内容。党最主要的现实任务,就是有系统地、有计划地、尽可能地在广大区域内准备农民的总暴动,组织工农革命军队,建立工农革命政权,解决农民土地问题。我们党相继发动和领导了南昌起义、广州起义和湘赣边界秋收起义等近百次武装起义,进入了独立领导革命战争和红军的新时期。

在土地革命战争时期,我们党及其领导的红军和根据地人民,面对的是人数、装备都占优势的强大敌人。在敌强我弱的情况下,为了反对敌人的反复"围剿",红军总体上是进行战略防御作战。党和毛泽东深入分析中国革命战争的特点,科学把握中国革命战争的规律和战争指导规律,正确认识和处理战略退却与战略反攻,内线作战与外线作战,持久战与速决战,运动战、游击战与阵地战,以及歼灭战与消耗战、击溃战等辩

第七章 《中国革命战争的战略问题》的历史地位与当代价值

证关系，集中优势兵力，各个歼灭敌人，将战略上的劣势转化为战役战斗上的优势，提出了"敌进我退，敌驻我扰，敌疲我打，敌退我追"的方针，取得了四次反"围剿"的胜利，创造了以少胜多、以弱胜强的战争奇迹和宝贵经验。由于教条主义的错误领导，红军第五次反"围剿"失败，也留下了深刻的教训。毛泽东的《中国革命战争的战略问题》，就是在总结土地革命战争正反两方面的历史经验的基础上，在批判教条主义的"左"倾军事路线的基础上，将土地革命战争的经验概括提升到系统化、理论化的高度，形成了我们党指导中国革命战争的正确、科学的军事理论、军事路线和军事战略，对于马克思主义中国化过程中的党和人民军队的军事理论和军事战略的创立与发展，作出了历史性的贡献。

二、为中国共产党领导革命战争制定了正确的军事路线与战略战术

毛泽东的《中国革命战争的战略问题》，是在日本帝国主义加紧侵略中国、中华民族与日本帝国主义的矛盾成为主要矛盾、中国正处在由国内革命战争向全民族抗日战争转变的重大历史关头而写的。指导伟大的全民族抗日战争，不仅需要有一条正确的政治路线，还需要有一条正确的军事路线。1935年12月17日至25日，中共中央在瓦窑堡召开政治局扩大会议，提出了建立最广泛的抗日民族统一战线的主张。同年12月27日，毛泽东根据会议精神在党的活动分子大会上作了《论反对日本帝国主义的策略》的报告，深刻分析了九一八事变

重读《中国革命战争的战略问题》

后，日本帝国主义侵占中国东北后又继续侵略华北，中国面临着严重的民族危机，中日矛盾成为主要矛盾、民族危机到了严重关头、国际关系和国内关系发生重大变化的时局，指出民族革命高潮即将到来，中国处在新的大革命的前夜；而日本帝国主义力量强大，中国革命力量严重薄弱且不平衡。时局变化了，革命的战略策略、领导方式也必须随之改变。必须勇敢地抛弃"左"倾关门主义的政治路线，建立广泛的民族革命统一战线；防止冒险主义，准备打持久战，不到决战的时机，没有决战的力量，不能冒冒失失地去进行决战。这个报告科学地总结了政治斗争经验，正确地解决了党的政治路线问题，为党领导伟大的抗日战争做了重要思想准备。1936 年 12 月，毛泽东写了《中国革命战争的战略问题》，深刻总结党领导土地革命战争的历史经验，提出了研究战争问题的方法论，科学分析中国革命战争的特点，深刻把握中国革命战争的客观规律及其指导规律，形成了系统的、科学的中国革命战争的战略战术，论述了在敌强我弱的情况下实行战略防御作战的一系列战略战术问题，其中关于研究和指导战争的方法论，关于战略防御作战中战略退却与战略反攻，关于战略退却的准备、时机与目的，关于战略反攻的过程与阶段，关于慎重初战，关于运动战、游击战与阵地战，关于持久战与速决战，关于消耗战与歼灭战，关于集中优势兵力各个歼灭敌人，都为即将到来的全民族抗日战争做了军事理论与方法、战争战略与策略等多方面的准备。《中国革命战争的战略问题》的一些基本思想，在后来的《反对日本进攻的方针、办法和前途》（1937 年 7 月 23 日）、《和英国记者贝特兰的谈话》（1937 年 10 月 25 日）、《抗日游击战

第七章 《中国革命战争的战略问题》的历史地位与当代价值

争的战略问题》（1938年5月）、《论持久战》（1938年5月）中得到了新的运用、鲜明体现和进一步发展。

三、为系统建构中国共产党人的世界观和方法论作了重要理论准备

在领导中国革命的过程中，中国共产党人高度重视马克思主义哲学的学习、研究和运用，高度重视运用科学的世界观方法论来研究、解决中国革命的理论问题和实践问题。在《论反对日本帝国主义的策略》中，毛泽东总结政治斗争经验，深刻分析政治形势，为中国共产党领导即将到来的全民族抗日战争制定了正确的政治路线；在《中国革命战争的战略问题》中，毛泽东总结军事斗争经验，深入研究中国革命战争规律和战争指导规律，为领导即将到来的全民族抗日战争制定了正确的军事路线。同时，毛泽东还深刻批判了"左"倾教条主义的关门主义的政治路线和冒险主义的军事路线，深刻揭示了其脱离实际、死板僵化这一思想方法论根源，指出了其主观与客观相分裂、理论与实际相脱离、共性与个性相脱节的唯心主义和形而上学实质，标志着中国共产党在系统解决政治路线和军事路线问题的同时，开始从哲学高度解决哲学路线、思想路线问题，解决世界观方法论问题，为中国共产党人研究和指导中国革命战争提供了科学的思想方法，为在《实践论》和《矛盾论》中系统建构中国共产党人的科学世界观和方法论作了重要的理论准备。

学习《中国革命战争的战略问题》，要掌握具体分析具体

矛盾的方法。矛盾是普遍存在的，任何事物都有矛盾，任何时候都有矛盾，正是由于事物的矛盾运动，推动了事物的发展；同时，矛盾又是各各特殊的，每一事物的矛盾，事物发展过程中各个阶段的矛盾，每一矛盾中矛盾的各个方面，都有自己的特点。我们要运用矛盾的观点观察世界，运用矛盾的方法分析问题。不仅要研究矛盾的普遍性，以把握事物运动、变化、发展的普遍原因和普遍根据；还要研究矛盾的特殊性，以把握事物运动、变化、发展的特殊原因和特殊根据，并据此找出解决矛盾的办法。在这里，就要坚持普遍与特殊、共性与个性的辩证统一，坚持一般理论与具体实践的统一，学好基本理论，掌握科学方法，重视调查研究，深入了解实际，创造性地构想新的思路，从事新的实践。中国的教条主义者之所以犯错误，从认识论根源上说，是因为割裂了理论与实践、感性认识与理性认识的关系，只承认理性认识、理论的重要性，不承认感性认识、经验的重要性，拒绝研究中国革命实际，拒绝研究中国革命经验；从方法论根源上说，是因为割裂了普遍与特殊、共性与个性、一般与个别的关系，只承认事物的普遍性、共性、一般性，不承认事物的特殊性、个性、个别性，拒绝具体研究具体的矛盾，更不能着眼于事物的特点与发展去研究事物，只能照搬照抄马克思主义的本本，照搬照抄外国的军事条令，照搬照抄别国革命的经验，从而犯了教条主义、死板僵化的错误。在《中国革命战争的战略问题》中，毛泽东运用马克思主义的理论与实践结合、共性与个性统一的认识论与辩证法研究战争规律与战争指导规律，指出研究战争"应该着眼其特点和着眼其发展"，不但要研究战争规律，而且要研究革命战争规

第七章 《中国革命战争的战略问题》的历史地位与当代价值

律,还要研究中国革命战争规律,更要研究中国革命各个时期的战争规律,为我们坚持运用马克思主义的认识论和辩证法研究问题和解决问题树立了典范。

学习《中国革命战争的战略问题》,要掌握主观与客观相符合的方法。马克思主义的辩证法是唯物辩证法,马克思主义的唯物论是辩证唯物论。在马克思主义哲学中,唯物论与辩证法是紧密相连、互为前提的。物质性、实践性是整个马克思主义哲学的基石。以实践为基础认识世界和改造世界,实现主观与客观的观念统一和现实统一,是马克思主义哲学的根本要求。马克思主义哲学主张客观地、全面地、本质地、联系地、发展地看问题,反对主观地、片面地、表面地、孤立地、静止地看问题,要做到主观与客观相符合、理论与实践相统一,在认识客观事物规律的基础上把握实践规律,以指导改造客观世界的实践。毛泽东在《中国革命战争的战略问题》中指出,研究战争指导规律,必须做到主观与客观相符合,学习在战争大海中的游泳术。为此,就要全面了解、深入分析敌我双方的情况,对各种材料加以去粗取精、去伪存真、由此及彼、由表及里的改造制作,研究双方的力量对比、相互作用、发展变化,以构成判断,定下决心,作出计划,执行计划,并在战争实践中检验、调整计划。要做到主观符合客观,就必须学习、运用马克思主义的科学的思想方法和认识方法。毛泽东关于研究战争规律和战争指导规律问题的论述,已超出了军事斗争范畴,而具有了世界观方法论的意蕴。

学习《中国革命战争的战略问题》,要掌握全局与局部相结合的方法。战争全局问题是带有要照顾各方面和各阶段的性质的问题，战略学的任务就是研究带全局性的战争指导规律。毛泽东在《中国革命战争的战略问题》中精辟论述了全局与局部的辩证法，为我们提高战略思维能力，正确处理全局与局部的关系，提供了重要方法与启示。坚持全局与局部的辩证法，要着眼全局，把全局作为分析问题和解决问题的出发点与落脚点，从全局的高度来观察、处置局部的问题，根据实现全局目标的需要安排各个局部的活动。要兼顾各方，照顾到各个方面的工作和各个方面的利益，使各个局部协调动作，使各种方式有机组合，使各个环节紧密相连，以实现全局的总体目标。要把握重点，抓住关系全局的大事、要事，突出战略重点，做好中心工作，以此为枢纽推动全局的工作。要照应阶段，既要完成好当前的任务，又要为实现更高目标创造条件。在全面深化改革过程中，要弄清楚整体政策安排与某一具体政策的关系、系统政策链条与某一政策环节的关系、政策顶层设计与政策分层对接的关系、政策统一性与政策差异性的关系、长期性政策与阶段性政策的关系，既不能以局部代替整体，又不能以整体代替局部；既不能以灵活性损害原则性，又不能以原则性束缚灵活性。全面深化改革是立足国家整体利益、根本利益、长远利益进行部署的，要注意避免合意则取、不合意则舍的倾向。要对历史负责、对人民负责、对国家和民族负责，对党和人民事业有利的，对最广大人民有利的，对实现党和国家兴旺发达、长治久安有利的，该改的就要坚定不移改。

学习《中国革命战争的战略问题》，要把握矛盾的同一性和斗争性相结合的方法。对立统一规律是客观事物的根本规律，也是实践的根本规律和认识的根本规律，是科学的思想方

第七章 《中国革命战争的战略问题》的历史地位与当代价值

法和工作方法。毛泽东在《中国革命战争的战略问题》中运用对立统一的方法研究中国革命战争规律，指出各种矛盾的力量对比与地位、矛盾中各个矛盾方面的力量对比与地位以及矛盾各方面的同一与斗争在一定条件下是可以相互转化的。防御与进攻、退却与反攻、持久与速决、劣势和优势、得与失、丧失土地和打烂一部分人民的坛坛罐罐与扩大根据地和避免更多的人打烂坛坛罐罐，是相互对立、否定、排斥的，但又是可以在一定条件下相互转化的。中国共产党是在敌强我弱的形势下领导红军和根据地人民与敌人进行战争的，从总体上、战略上来说，是进行防御作战，但能够通过战略退却创造条件，寻找战机，改变敌我力量对比，将战略上的劣势转变为战役战斗上的优势，将战略上的防御转变为战役战斗上的反攻，集中优势兵力歼灭敌人。充分准备和适时的战略退却，是为了战略反攻。在敌强我弱的情况下，面对强大的敌人，我们不可能期求速胜，只能进行持久战；但为了实现在持久战中消灭敌人，实现敌我力量对比发生根本变化，最终战胜敌人，必须实行战役和战斗的速决战。中国革命的敌人强大，红军弱小，但红军有中国共产党的领导，有广大人民的支持，有严明的纪律和作风，能够在战斗中成长发展，敌人则是落后的反动的力量，其在战争中必然走向没落失败；同时，我们能够在运动中寻找战机消灭敌人，能够集中优势兵力，突出战役、战斗重点，将战略上的劣势转变为战役战斗上的优势。由于红军兵力少，并且在一个根据地中只有一支红军主力，没有其他支援，装备落后且严重不足，当面对强大的进攻之敌，要打破敌人的"围剿"，不能处处设防，四面御敌，不能与敌人进行阵地战，幻想与敌人进行外线作战，不打烂一些坛坛罐罐，"御敌于国门之外"，是不可能的。若这样做，只能是人地两失。相反，只有进行必要的战略退却，造成有利的战机，才能战胜"围剿"、进犯之敌。如果因退却暂时失去了土地，在反攻中消灭了敌人，扩大了根据地，这则是赚钱的生意。我们要用矛盾的观点和方法观察世界、分析问题，要看到各种矛盾以及矛盾各方力量对比和主次地位的变化，看到矛盾各方既相互对立、否定、排斥又相互依存、渗透、转化的关系，反对死板和僵化的思维方法，在对立中把握统一，在统一中看到对立，通过积极的工作，促成矛盾的转化和事物的变化发展。列宁说："马克思主义辩证法的基本原理是：自然界和社会中的一切界限都是有条件的和可变动的，没有任何一种现象不能在一定条件下转化为自己的对立面。"① 但对立面的统一、各种矛盾以及矛盾各方力量对比与地位的转化是有条件的，而不是无条件的。只有对于客观事物进行具体而深入的分析，才能把握事物运动、变化、发展的特殊根据，采取适当的办法，促进这种转化。辩证法的实质，是"达到了对立面的同一的灵活性"，但若离开唯物论讲辩证法，离开客观实际讲事物的转化，主观主义地运用这种灵活性，就会陷入折衷主义和诡辩论。"辩证法曾不止一次地被用做通向诡辩法的桥梁……但是，我们始终是辩证论者，我们同诡辩论作斗争的办法，不是根本否认任何转化的可能性，而是在某一

---

① 《列宁专题文集 论辩证唯物主义和历史唯物主义》，人民出版社2009年版，第262页。

第七章 《中国革命战争的战略问题》的历史地位与当代价值

事物的环境和发展中对它进行具体分析。"[①] 只有具体地分析具体的情况，按照对于事物具体的矛盾的科学认识，才能找到解决矛盾的正确方法，促进和实现事物的转化与发展。

学习《中国革命战争的战略问题》，要掌握客观规律性与主观能动性相统一的方法。马克思主义是客观规律性与主观能动性的统一论者。我们既要尊重客观规律、客观条件，按照实际情况决定我们的计划和行动，不能离开客观规律、客观条件，单凭主观想象、良好愿望、一时热情、死的书本办事情；同时，又要充分发挥主观能动性，自觉能动地去认识世界和改造世界。若违背客观规律，脱离客观实际，我们的行动就是盲目的、没有根基的；若不能发挥主观能动性，我们的行动就是被动、消极的。正确的态度，就是充分发扬根据和符合客观实际的自觉的能动性。毛泽东在《中国革命战争的战略问题》中指出，战争的胜负，主要决定于作战双方的军事、经济、政治、自然诸条件，同时还决定于作战双方主观指导的能力。军事家不能超过物质条件许可的范围外企图战争的胜利，但可以而且必须在物质条件许可的范围内争取战争的胜利。客观物质条件是军事家活动的舞台，他可以凭借这个舞台，导演出许多威武雄壮的战争活剧。他要求战争指导者深入研究战争规律和战争指导规律，全面把握战争中敌我双方的情况和战争的环境条件，制定正确的战略战术，做智勇双全的明智的将军，变不利条件为有利条件，变劣势为优势，变弱小为强大，赢得战争

[①] 《列宁专题文集　论辩证唯物主义和历史唯物主义》，人民出版社2009年版，第262—263页。

的胜利。如处于战略上内线作战、处于被"围剿"环境的红军，蒙受许多不利因素。但可以而且完全应该在战役战斗上将它改变过来，将敌军对我军的大"围剿"改为我军对敌军的许多小"围剿"，将敌军对我军战略上的分进合击改为我军对敌军战役战斗上的分进合击，将敌军对我军的战略上的优势改为我军对敌军战役战斗上的优势，使战略上处于强者地位的敌军在战役战斗上改变为处于弱者地位，使自己战略上的弱者地位改变为战役战斗上的强者地位。这就是所谓的"内线作战中的外线作战，'围剿'中的围剿，封锁中的封锁，防御中的进攻，劣势中的优势，弱者中的强者，不利中的有利，被动中的主动"[①]。这种由不利向有利的转化，并不是凭空实现的，而是在努力发挥自觉的能动性，深刻认识客观规律，充分运用客观条件，积极创造条件，并采取正确的方式方法，而得以实现的。红军进行积极防御作战，要取得反"围剿"的胜利，就要进行反"围剿"准备、战略退却、战略反攻。而要实施战略反攻，还要把握反攻的时机，集中优势兵力，并采取运动战、速决战、歼灭战等方式。如果无视客观规律和客观条件，夸大主观能动性的作用，悖逆客观规律、脱离客观实际而任意妄为，就会陷入唯心主义和唯意志论；如果片面强调客观必然性和客观条件对于人的制约，消极被动，无所作为，就会陷入机械决定论和宿命论。

[①] 《毛泽东选集》第一卷，人民出版社1991年版，第224页。

第七章 《中国革命战争的战略问题》的历史地位与当代价值

四、为在新时代坚持和发展中国特色社会主义提供了重要方法论启示

学习毛泽东的《中国革命战争的战略问题》，深刻理解和掌握贯穿其中的科学的思想方法，对于坚持和发展中国特色社会主义，全面推进中国式现代化，全面建设社会主义现代化国家，具有重要的现实意义和深远的历史意义。

第一，学习《中国革命战争的战略问题》，要树立辩证思维，坚定不移走中国特色社会主义道路。党的二十大报告指出："万事万物是相互联系、相互依存的。只有用普遍联系的、全面系统的、发展变化的观点观察事物，才能把握事物发展规律。"①"我们要善于通过历史看现实、透过现象看本质，把握好全局和局部、当前和长远、宏观和微观、主要矛盾和次要矛盾、特殊和一般的关系"②。事物内部诸要素之间和事物之间是相互联系的，即相互依存、相互影响、相互作用、相互制约的。联系是普遍的，世界上的任何事物都和周围的其他事物处于普遍联系之中；联系是客观的，它不以人的主观意志为转移；联系是多种多样的，其中既有内部的、本质的、必然的联系，也有外部的、非本质的、偶然的联系。事物之间的相互

---

① 习近平：《高举中国特色社会主义伟大旗帜 为全面建设社会主义现代化国家而团结奋斗——在中国共产党第二十次全国代表大会上的报告》，人民出版社2022年版，第20页。
② 习近平：《高举中国特色社会主义伟大旗帜 为全面建设社会主义现代化国家而团结奋斗——在中国共产党第二十次全国代表大会上的报告》，人民出版社2022年版，第21页。

联系、相互作用引起了事物的运动、变化、发展，构成了事物的系统整体和运动过程。

研究战争规律，要着眼其特点和着眼其发展，使主观与客观相符合、共性与个性相统一；研究社会主义建设规律，也要着眼其特点和着眼其发展，使主观与客观相符合、共性与个性相统一。马克思主义的科学社会主义自创立以来，经历了从理论到实践、从一国到多国、从传统到现代的巨大历史变迁。研究科学社会主义，不仅要研究其基本的理论和原则，还要研究时代特点、世界格局、国情实际以及现实实践。中国共产党在把马克思主义基本原理同中国具体实际相结合的过程中，走出了新民主主义革命和社会主义革命的独特道路，取得了新民主主义革命的胜利，建立了新中国；确立了社会主义基本制度，推进社会主义建设，取得了巨大成就，积累了宝贵经验。在新的历史时期，中国共产党领导人民解放思想、实事求是，深刻认识我国所处的历史方位与国情实际，科学判断国际形势和时代特点，不断推进理论创新和实践创新，进行改革开放和社会主义现代化建设，开辟了马克思主义中国化时代化的新境界，开创和拓展了中国特色社会主义道路，取得了社会主义现代化建设的巨大成就。党的十八大以来，以习近平同志为主要代表的中国共产党人，坚持把马克思主义基本原理同中国具体实际相结合、同中华优秀传统文化相结合，深刻总结历史经验，从新的实际出发，就新时代坚持和发展什么样的中国特色社会主义、怎样坚持和发展中国特色社会主义，建设什么样的社会主义现代化强国、怎样建设社会主义现代化强国，建设什么样的长期执政的马克思主义政党、怎样建设长期执政的马克思主

第七章　《中国革命战争的战略问题》的历史地位与当代价值

政党等重大时代课题，提出一系列原创性的治国理政的新理念新思想新战略，创立和丰富发展了习近平新时代中国特色社会主义思想，推动党和国家事业取得了历史性成就、发生了历史性变革，推动中国特色社会主义进入新时代，团结带领人民全面建成小康社会，开启全面建设社会主义现代化国家新征程，朝着实现中华民族伟大复兴的宏伟目标继续前进。坚持和发展中国特色社会主义，是改革开放以来我们党全部理论和实践的主题。习近平总书记指出："坚持和发展中国特色社会主义是一篇大文章，邓小平同志为它确定了基本思路和基本原则，以江泽民同志为核心的党的第三代中央领导集体、以胡锦涛同志为总书记的党中央在这篇大文章上都写下了精彩的篇章。现在，我们这一代共产党人的任务，就是继续把这篇大文章写下去。"[①] 中国特色社会主义是科学社会主义基本原则与中国实际相结合的产物，其既坚持了科学社会主义基本原则，又根据时代条件赋予其鲜明的中国特色。在中国特色社会主义中，蕴含、体现着科学社会主义的一般规律和基本原则以及效率、民主、自由、平等、公正等价值追求；同时，中国特色社会主义又是立足中国国情实际、符合时代进步潮流的社会主义。中国特色社会主义是普遍性与特殊性即共性与个性的统一。科学社会主义的基本原则是普遍性、共性，中国特色是特殊性、个性；科学社会主义基本原则规定着中国特色社会主义，中国特色社会主义体现着科学社会主义基本原则。中国特色社会主义具有科学社会主义的一般特征和规定性，若没有这些一般特征

[①] 《习近平著作选读》第一卷，人民出版社2023年版，第80页。

和规定性，拒斥社会主义的基本原则与共同价值，就不是社会主义；科学社会主义的一般特征和规定性，社会主义的基本原则与共同价值，必须与国情、世情和时代特点相结合，否则，就走不出符合客观实际、顺应时代潮流的社会主义道路，科学社会主义的基本原则和共同价值就不能落地生根。我们既要坚持科学社会主义的基本原则和共同价值，又要立足我们的历史传承、文化传统、经济社会发展水平、人民群众的利益愿望，坚定不移地走中国特色社会主义道路；不能脱离国情照搬照抄，不能邯郸学步、失其故行；否则，就会画虎不成反类犬，甚至会由于水土不服造成严重后果，犯颠覆性错误。习近平总书记指出，"科学社会主义基本原则不能丢，丢了就不是社会主义。同时，科学社会主义也绝不是一成不变的教条。……当代中国的伟大社会变革，不是简单延续我国历史文化的母版，不是简单套用马克思主义经典作家设想的模板，不是其他国家社会主义实践的再版，也不是国外现代化发展的翻版。社会主义并没有定于一尊、一成不变的套路，只有把科学社会主义基本原则同本国具体实际、历史文化传统、时代要求紧密结合起来，在实践中不断探索总结，才能把蓝图变为美好现实"①。中国特色社会主义是社会主义而不是其他什么主义，科学社会主义基本原则不能丢，丢了就不是社会主义。一个国家实行什么样的主义，关键要看这个主义能否解决这个国家面临的历史性课题。历史和现实都告诉我们，只有社会主义才能救中国，只有中国特色社会主义才能发展中国，这是历史的结论、人民

---

① 《习近平谈治国理政》第三卷，外文出版社2020年版，第86页。

的选择。随着中国特色社会主义不断发展，我们的制度必将越来越成熟，我国社会主义制度的优越性必将进一步显现，我们的道路必将越走越宽广。

对于怎样坚持和发展中国特色社会主义，中国共产党提出了一系列新理念新思想新战略，深刻回答了新时代坚持和发展中国特色社会主义的总目标、总任务、总体布局、战略布局和发展方向、发展方式、发展动力、战略步骤、外部条件、政治保证等基本问题。这些思想观点，为在新的时代条件下坚持和发展中国特色社会主义提供了科学的理论指引。在新时代新征程，中国共产党的使命任务，"就是团结带领全国各族人民全面建成社会主义现代化强国、实现第二个百年奋斗目标，以中国式现代化全面推进中华民族伟大复兴"[①]。中国式现代化既吸收借鉴世界各国现代化进程中的历史经验，体现世界各国现代化的共同特征，如工业化、城市化、信息化、市场化、民主化、法治化、国际化等；又立足国情实际、反映时代精神，体现了鲜明的中国特色、时代特色。中国式现代化是人口规模巨大的现代化，是全体人民共同富裕的现代化，是物质文明和精神文明相协调的现代化，是人与自然和谐共生的现代化，是走和平发展道路的现代化。坚持中国共产党领导，坚持中国特色社会主义，实现高质量发展，发展全过程人民民主，丰富人民精神世界，实现全体人民共同富裕，促进人与自然和谐共生，推动构建人类命运共同体，创造人类文明新形态，是中国式现代化的本质要求。在全面建设社会主义现代化国家的过程中，

[①] 《习近平著作选读》第一卷，人民出版社2023年版，第18页。

必须坚持和加强党的全面领导,确保我国社会主义现代化建设的正确方向,团结凝聚全党和全体人民的磅礴力量,这是推进中国式现代化的政治保证;坚持中国特色社会主义道路,坚持以经济建设为中心,坚持四项基本原则,坚持改革开放,坚持独立自主、自力更生,这是推进中国式现代化的战略道路;坚持以人民为中心的发展思想,坚决维护人民根本利益,不断增进民生福祉,不断实现发展为了人民、发展依靠人民、发展成果由人民共享,让现代化建设成果更多更公平惠及全体人民,这是推进中国式现代化的根本力量和价值立场;坚持深化改革开放,深入推进改革创新,坚定不移扩大开放,这是推进中国式现代化的根本动力和活力源泉;坚持发扬斗争精神,全力战胜前进道路上各种困难和挑战,依靠顽强斗争打开事业发展新天地,这是推进中国式现代化必须具有的精神状态、意志品格。对于全面推进中国式现代化的战略步骤,党的十九大综合分析国际国内形势和我国发展条件,把从2020年到本世纪中叶这30年分为两个阶段。第一个阶段,从2020年到2035年,在全面建成小康社会的基础上,再奋斗15年,基本实现社会主义现代化。第二个阶段,从2035年到本世纪中叶,在基本实现现代化的基础上,再奋斗15年,把我国建成富强民主文明和谐美丽的社会主义现代化强国。党的二十大重申,全面建成社会主义现代化强国,总的战略安排是分两步走:从2020年到2035年基本实现社会主义现代化;从2035年到本世纪中叶把我国建成富强民主文明和谐美丽的社会主义现代化强国。

改革开放以来,我们党领导人民开辟了中国特色社会主义

第七章 《中国革命战争的战略问题》的历史地位与当代价值

道路，这是实现社会主义现代化、创造人民美好生活、实现中华民族伟大复兴的必由之路。在新时代新征程，我们要坚定不移地走中国特色社会主义道路，全面建成社会主义现代化强国，以中国式现代化全面推进中华民族伟大复兴。

第二，学习《中国革命战争的战略问题》，要树立系统思维和战略思维，整体推进中国特色社会主义事业。系统是由相互联系、相互作用的许多要素按一定方式组成的并与周围环境相互联系和相互作用的统一整体。系统具有整体性。系统的整体功能是由各个组成要素的相互联系和作用形成的，而系统中的各个要素的性能又受系统整体的影响和制约，服从系统整体功能优化以及系统整体稳定和发展的需要。系统具有结构性。结构是系统内部的各个要素相互联系和作用的方式，结构决定功能，结构的变化决定功能的变化。系统具有开放性。任何事物作为一个系统，都是向周围的环境开放的，都要与其他事物进行物质、能量和信息的变换，开放导致有序、稳定、发展，封闭导致无序、僵化、停滞。系统具有过程性。系统不仅作为整体而存在，而且作为过程而存在，我们不仅要从系统的整体结构考虑问题，还要从系统的动态过程考虑问题；不仅要处理好构成整体的各个部分的关系，而且要处理好构成过程的各个阶段的关系。我们在实际工作中不仅要照顾各个方面，而且要照顾各个阶段。人类社会与自然界一样，也是作为系统而存在和发展的。马克思主义从现实的人及其活动、从物质生产入手研究历史，揭示了人类社会的系统整体性与历史发展的规律性。

人类社会是由经济、政治、文化、社会、人口、资源、环境等多种因素交互作用构成的系统整体和运行过程。其中的人口、资源、环境是社会发展的前提性条件，经济、政治、文化、社会是人类社会的基本领域和组成部分。党的十八大以来，我们党运用系统观念的思想和工作方法，坚持系统谋划、统筹推进党和国家各项事业，形成一系列新布局和新方略，带领全党全国各族人民取得了历史性成就。党领导人民全面建成小康社会后，又乘势而上，开启了全面建设社会主义现代化国家新征程，我国发展环境面临深刻复杂变化，发展不平衡不充分问题仍然突出，经济社会发展中矛盾错综复杂，必须从系统观念出发加以谋划和解决，全面协调推动各领域工作和社会主义现代化建设，这就必须"加强前瞻性思考、全局性谋划、战略性布局、整体性推进"，处理好整体与部分、全局与局部、阶段性与连续性、战略与战术、目的与手段以及政府和市场、开放和自主、发展和安全等若干重大关系，使经济社会发展优质高效、行稳致远。

党的十八大以来，以习近平同志为核心的党中央系统谋划、统筹推进党和国家各项事业，形成一系列新布局和新方略。"在这个过程中，系统观念是具有基础性的思想和工作方法。"① "我们全面深化改革，不能东一榔头西一棒子，而是要突出改革的系统性、整体性、协同性。"② "完整、准确、全面

---

① 《习近平谈治国理政》第四卷，外文出版社2022年版，第117页。
② 《习近平关于协调推进"四个全面"战略布局论述摘编》，中央文献出版社2015年版，第87页。

第七章 《中国革命战争的战略问题》的历史地位与当代价值

贯彻新发展理念，必须坚持系统观念。"①

树立系统思维和战略思维，要用系统性、前瞻性、开放性的观点和方法观察问题、分析问题和解决问题。要着眼全局，善于从全局的高度来观察、处置局部的问题。要兼顾各方，使各个局部协调动作。要把握重点，抓好对于全局具有最重要的、决定性作用的大事、要事。要照应阶段，有序推进事业发展。要眼界宽阔、内外结合，统筹国内国际两个大局。

在当代中国，坚持和发展中国特色社会主义，建成富强民主文明和谐美丽的社会主义现代化强国，实现国家富强、民族振兴、人民幸福的中华民族伟大复兴的中国梦，是中国特色社会主义的总体战略目标，改革开放是中国特色社会主义的根本动力，人民群众是中国特色社会主义的主体，依法治国是中国特色社会主义的法治保障，中国共产党的领导是中国特色社会主义的政治保证。为了实现这一总体战略目标，就要统筹推进"五位一体"总体布局和协调推进"四个全面"战略布局，按照新"两步走"的战略安排，分阶段实现这一战略目标。党的二十大围绕全面推进中国式现代化，对于经济、政治、文化、社会、生态等各个方面的发展战略作出了安排，指出要加快构建新发展格局，着力推动高质量发展；实施科教兴国战略，强化现代化建设人才支撑；发展全过程人民民主，保障人民当家作主；推进文化自信自强，铸就社会主义文化新辉煌；增进民生福祉，提高人民生活品质；推动绿色发展，促进人与

---

① 习近平：《论把握新发展阶段、贯彻新发展理念、构建新发展格局》，中央文献出版社2021年版，第504页。

自然和谐共生；推进国家安全体系和能力现代化，坚决维护国家安全和社会稳定；实现建军一百年奋斗目标，开创国防和军队现代化新局面；坚持和完善"一国两制"，推进祖国统一；促进世界和平与发展，推动构建人类命运共同体。强调全面建设社会主义现代化国家、全面推进中华民族伟大复兴关键在党，必须持之以恒推进全面从严治党，深入推进新时代党的建设新的伟大工程，以党的自我革命引领社会革命。要落实新时代党的建设总要求，健全全面从严治党体系，全面推进党的自我净化、自我完善、自我革新、自我提高，使我们党坚守初心使命，始终成为中国特色社会主义事业的坚强领导核心。要坚持和加强党中央集中统一领导，坚持不懈用习近平新时代中国特色社会主义思想凝心铸魂，完善党的自我革命制度规范体系，建设堪当民族复兴重任的高素质干部队伍，增强党组织政治功能和组织功能，坚持以严的基调强化正风肃纪，坚决打赢反腐败斗争攻坚战持久战。

　　研究和进行中国革命战争，只有知彼知己才能百战不殆；研究和进行社会主义现代化建设，只有统筹内外才能稳操胜券。在近代之前，人类社会的发展是地域性的，每个国家和民族都在孤立地走着自己的发展道路。每一项发明创造几乎都是从头开始的。各个国家和民族之间尽管也有经济、政治、文化的交往，但基本上是外在的。近代以来，由于科学技术的进步、生产力的发展、大工业的出现以及社会分工的深化和交往的普遍化，由于资本家为了追求利益最大化而奔走于世界各地，开辟了世界市场，将整个世界连为一体，民族的地域性、封闭性、片面性、局限性被世界性的交往所打破，历史向世界

第七章 《中国革命战争的战略问题》的历史地位与当代价值

历史转变。20世纪后半叶特别是80年代以来,由于科技的巨大进步和生产力的高度发展,人类社会进入全球化时代,世界各国的经济、政治、文化、社会、生态等各领域的交往和合作日益紧密;人类面临的全球气候变暖、恐怖主义、核威胁、重大传染疾病等全球性问题,也需要世界各国共同努力解决。虽然当代人类发展过程中出现了"逆全球化"的挑战,但全球化是不可阻挡的时代潮流。事物是开放的,社会是开放的,全球化时代的世界也是开放的。在全球化时代,产品、劳务、资本、金融、科技、人才在全球流动,全球经济社会出现了整体相关的趋势。各个国家的经济社会发展在全球范围内相互依赖、相互影响。在这样一个开放的社会和开放的世界,各个国家要通过交往合作而共同发展,各个文明要通过交流互鉴而共同进步。任何一个国家都不能外在于全球化而谋求和实现孤立的发展,都离不开与其他国家的交往与合作。早在1956年4月,毛泽东在《论十大关系》的报告中就曾精辟论述了中国和外国的关系,提出要向外国学习。他认为每个民族都有它的长处,否则它就不能存在和发展;同时,每个民族也都有它的短处,总是有优点和缺点这两点。有人以为社会主义就了不起,一点缺点也没有了,没有这个事。"我们的方针是,一切民族、一切国家的长处都要学,政治、经济、科学、技术、文学、艺术的一切真正好的东西都要学。但是,必须有分析有批判地学,不能盲目地学,不能一切照抄,机械搬用。他们的短处、缺点,当然不要学"[①]。我们要学习马克思主义中属于普

[①] 《毛泽东文集》第七卷,人民出版社1999年版,第41页。

遍真理的东西，并且学习一定要与中国实际相结合，而不是搞教条主义，对于马克思主义经典作家的每句话都要照搬照抄。同时，我们还要努力地、有批判地向外国学习先进的科学技术和企业管理方法。我们是在一穷二白的经济文化落后的东方大国建设社会主义的。"穷"，就是没有多少工业，农业也不发达；"白"，就是一张白纸，文化水平、科学水平都不高。我们既要鼓点劲，提高民族自信心；又要虚心向外国学习，即使将来我们国家富强了，也还要谦虚谨慎，还要向人家学习。在改革开放年代，邓小平将国际问题概括为和平问题与发展问题。和平问题是东西问题，即社会主义与资本主义的关系问题；发展问题是南北问题，即发达国家与发展中国家的关系问题。抓住了东西关系和南北关系，就抓住了当今世界各种问题的实质。

现在的世界是开放的世界，中国的发展离不开世界。我们要以世界眼光、全球视野，深刻洞察人类发展进步潮流，深刻把握世界、时代与历史的巨大变化，科学判断国际形势走向，唯物而辩证地分析中国与相关国家的经济实力、科技实力、国防实力、综合国力、国际竞争力的力量对比，科学分析中国与相关国家的利益共同点与分歧点，准确把握中国与相关国家各自所追求的战略目标与核心利益，深入了解中国与相关国家在战略博弈中所能运用的资源、手段，如何运用这些资源、手段以及对方可能采取的战略手段与战略步骤，明确我国以及相关国家在战略博弈中所追求的高线与所坚守的底线，从而正确制定和有序实施我们的国际战略，在波谲云诡、风云变幻、纷繁复杂的国际环境中，沉着冷静，从容镇定，把准方向，精准施

第七章　《中国革命战争的战略问题》的历史地位与当代价值

策,在与其他国家的竞争合作、交往交流中,实现国家发展和民族振兴,并为世界和平与发展、为推动建设更加美好的世界作出应有贡献。

第三,学习《中国革命战争的战略问题》,要树立历史思维,洞察社会发展规律,把握正确前进方向。树立历史思维,要掌握、运用唯物史观的基本理论与方法分析和解决问题。马克思主义的唯物史观是"关于现实的人及其历史发展的科学"①。马克思主义考察社会历史,不是从主观意识、客观精神、上帝、神意或抽象的人性出发,而是从现实的人及其活动出发的。在马克思看来,"有生命的个人的存在"是全部人类历史的第一个前提。人们为了创造历史,必须能够生活。为了生活,就必须进行物质生活资料的生产。物质生产是人类的第一个历史活动,是一切历史的基本条件。任何一个民族,如果停止生产,不用说一年,就是几个星期,也要灭亡。人们追求生存发展需要的满足,是人们的一切思想动机背后的最深刻的物质根源;人们所从事的物质资料生产,是社会发展的根本原因。人类社会的一切经济关系、政治关系、社会关系、思想文化关系,都是在物质生产的基础上建构起来的,并随着物质生产的发展而发展。恩格斯指出,"正像达尔文发现有机界的发展规律一样,马克思发现了人类历史的发展规律,即历来为繁芜丛杂的意识形态所掩盖着的一个简单事实:人们首先必须吃、喝、住、穿,然后才能从事政治、科学、艺术、宗教等等;所以,直接的物质的生活资料的生产,从而一个民族或一

---

① 《马克思恩格斯文集》第4卷,人民出版社2009年版,第295页。

个时代的一定的经济发展阶段，便构成基础，人们的国家设施、法的观点、艺术以至宗教观念，就是从这个基础上发展起来的，因而，也必须由这个基础来解释"①。在《〈政治经济学批判〉序言》中，马克思对于人类社会发展的客观规律作了经典阐释，"人们在自己生活的社会生产中发生一定的、必然的、不以他们的意志为转移的关系，即同他们的物质生产力的一定发展阶段相适合的生产关系。这些生产关系的总和构成社会的经济结构，即有法律的和政治的上层建筑竖立其上并有一定的社会意识形式与之相适应的现实基础。物质生活的生产方式制约着整个社会生活、政治生活和精神生活的过程。不是人们的意识决定人们的存在，相反，是人们的社会存在决定人们的意识。社会的物质生产力发展到一定阶段，便同它们一直在其中运动的现存生产关系或财产关系（这只是生产关系的法律用语）发生矛盾。于是这些关系便由生产力的发展形式变成生产力的桎梏。那时社会革命的时代就到来了。随着经济基础的变更，全部庞大的上层建筑也或慢或快地发生变革"②。物质生产是人类社会存在和发展的基础，生产力是社会发展的最终决定力量。人类社会就是在生产力与生产关系、经济基础与上层建筑的矛盾运动中发展前进的。学习马克思主义唯物史观，要掌握观察社会历史的基本观点与方法，洞悉人类社会发展规律、社会主义建设规律，深刻认识走中国特色社会主义道路、坚持改革开放的历史必然性。2013年12月3日下午，中

---

① 《马克思恩格斯文集》第3卷，人民出版社2009年版，第601页。
② 《马克思恩格斯文集》第2卷，人民出版社2009年版，第591—592页。

第七章 《中国革命战争的战略问题》的历史地位与当代价值

共中央政治局就历史唯物主义基本原理和方法论进行第十一次集体学习。习近平总书记在主持学习时强调指出，只有坚持历史唯物主义，我们才能不断把对中国特色社会主义规律的认识提高到新的水平，不断开辟当代中国马克思主义发展新境界。他强调要推动全党学习历史唯物主义基本原理和方法论，更好认识国情，更好认识党和国家事业发展大势，更好认识历史发展规律，更加能动地推进各项工作。要学习和掌握社会基本矛盾分析法，深入理解全面深化改革的重要性和紧迫性。坚持和发展中国特色社会主义，必须不断适应社会生产力发展调整生产关系，不断适应经济基础发展完善上层建筑。社会基本矛盾总是不断发展的，所以调整生产关系、完善上层建筑需要相应地不断进行下去。要学习和掌握物质生产是社会生活的基础的观点，准确把握全面深化改革的重大关系。生产力是推动社会进步最活跃、最革命的要素。社会主义的根本任务是解放和发展社会生产力，发展是解决我国所有问题的关键。要使市场在资源配置中起决定性作用，更好发挥政府作用，推动我国社会生产力不断向前发展，推动实现物的不断丰富和人的全面发展的统一。全面深化改革，必须加强顶层设计、整体谋划，增强各项改革的关联性、系统性、协同性，既要解决好生产关系中不适应的问题，又要解决好上层建筑中不适应的问题，更好推动生产关系与生产力、上层建筑与经济基础相适应。要学习和掌握人民群众是历史创造者的观点，紧紧依靠人民推进改革。要坚持把实现好、维护好、发展好最广大人民根本利益作为推进改革的出发点和落脚点，让发展成果更多更公平惠及全体人民。

重读《中国革命战争的战略问题》

　　树立历史思维，要高度重视总结借鉴历史经验。在《中国革命战争的战略问题》中，毛泽东深刻总结古今中外的战争经验，特别是高度重视和深刻总结红军五次反"围剿"斗争的宝贵经验，概括、提炼了中国革命战争的一系列战略战术，其中贯穿的深沉的历史意识和历史方法，给我们运用历史思维思考问题、总结经验，树立了典范。2011年9月1日，习近平同志在中央党校2011年秋季学期开学典礼上的讲话中，要求领导干部要读点历史。他指出，学习和总结历史，借鉴和运用历史经验，是我们党一贯重视并倡导的做好领导工作的一个重要的思想和方法。我们党在领导革命、建设、改革的进程中，一贯重视历史经验的借鉴和运用，一贯倡导领导干部要读点历史，要善于运用历史知识。重视对历史的学习和对历史经验的总结与运用，善于从不断认识和把握历史规律中找到前进的正确方向和正确道路，这是我们党之所以能够领导中国革命、建设、改革不断取得胜利的一个重要原因。领导干部读点历史，有助于提高文化素养和思想政治修养，有助于提高工作能力和领导水平。领导干部不管处在哪个层次和岗位，都应该读点历史，通过学习历史不断深化对人类社会发展规律、社会主义建设规律和共产党执政规律的认识，不断丰富自己的历史知识，这样才能使自己的眼界和胸襟大为开阔，认识能力和精神境界大为提高，使自己的领导工作水平不断得以提升。领导干部学习历史，要学习中国历史，了解和懂得自古以来中国人民创造的灿烂历史文化，从中汲取有益于加强修养、做好工作的智慧和营养。要学习和发扬中华民族的优良传统，学习和借鉴中国历史上治国理政的丰富经验，学习中华优秀传统文化和高尚的

第七章 《中国革命战争的战略问题》的历史地位与当代价值

精神追求，从中获得精神鼓舞，升华思想境界，陶冶道德情操，完善优良品格，培养浩然正气，做到自重、自省、自警、自励，认真践行全心全意为人民服务的根本宗旨，经受住执政考验、改革开放考验、市场经济考验、外部环境考验，防止精神懈怠的危险、能力不足的危险、脱离群众的危险、消极腐败的危险，为党和人民事业不断作出自己的贡献。领导干部学习历史，要注重学习鸦片战争以来我国近现代历史和中国共产党历史，深刻认识近现代中国国情和中国社会发展规律，深刻认识历史和人民选择中国共产党、选择马克思主义、选择社会主义道路、选择改革开放的历史必然性，增强建设中国特色社会主义事业的信心。领导干部在学习我国历史的同时，还应该学习一些世界历史知识。中国历史是世界历史的重要组成部分，中国自古以来就同世界上许多国家和地区发生着各种各样的联系。当今世界是一个开放的世界，当代中国的发展同世界的发展紧密地联系在一起。无论是处理国内改革发展稳定的问题，还是处理对外开放中的问题，我们都应该放眼世界，具有宽阔的眼光。只有既从现实又从历史两个方面更好地了解外部世界，才能把我们的各项工作包括对外工作做得更好。① 树立历史思维，重视学习和研究历史，特别是学习研究中国近现代史和中国共产党的历史，学习研究中国社会主义建设的历史特别是改革开放以来的历史，通达古今之变，总结历史经验，增强历史意识和文化自觉，知古鉴今，古为今用，自觉按照历史规律和历史发展的辩证法办事，对于我们充分认识坚持和发展中

---

① 参见习近平：《领导干部要读点历史》，《学习时报》2011年9月7日。

国特色社会主义的历史必然性，不断增强中国特色社会主义的道路自信、理论自信、制度自信、文化自信，以正确的理念、思想、战略不断推进中国特色社会主义事业，具有极为重要的意义。

第四，学习《中国革命战争的战略问题》，要树立底线思维，防范和化解前进道路上的风险危机，把党和人民的事业不断推向前进。毛泽东在《中国革命战争的战略问题》中指出，"军事家不能超过物质条件许可的范围外企图战争的胜利，然而军事家可以而且必须在物质条件许可的范围内争取战争的胜利……我们不许可任何一个红军指挥员变为乱撞乱碰的鲁莽家；我们必须提倡每个红军指挥员变为勇敢而明智的英雄，不但有压倒一切的勇气，而且有驾驭整个战争变化发展的能力。指挥员在战争的大海中游泳，他们不使自己沉没，而要使自己决定地有步骤地达到彼岸。指导战争的规律，就是战争的游泳术"①。战争指导者要在客观物质条件基础上充分发挥自己的主观指导能力，驾驭战争变化发展，提挈全军，消灭敌人；在战争的大海中游泳，不使自己沉没，而要使自己决定地有步骤地达到彼岸。不能沉没，保护自己，是底线，是低标准；到达彼岸，消灭敌人，赢得胜利，是高线，是高要求。

坚持底线思维，增强忧患意识，是中国共产党战胜各种风险挑战、不断从胜利走向胜利的重要思想方法、工作方法、领导方法。在革命战争年代，毛泽东既坚信中国的发展前途光明，又指出道路曲折、困难很多，要宁肯把困难想得更多一

---

① 《毛泽东选集》第一卷，人民出版社 1991 年版，第 182—183 页。

第七章 《中国革命战争的战略问题》的历史地位与当代价值

些,承认困难,分析困难,排除万难,达到胜利的目的。他在党的七大上的结论报告中讲到"准备吃亏"、准备对付困难时,一口气列了17条困难。党的十八大以来,习近平总书记多次强调要坚持底线思维,善于运用底线思维的方法,着力防范化解重大风险,凡事从最坏处准备,努力争取最好的结果,这样才能做到有备无患、遇事不慌,牢牢把握主动权。

坚持底线思维是认识把握外部环境深刻变化和我国改革发展稳定面临的新情况新问题,应对各种风险挑战,维护国家安全,保持我国经济社会持续健康发展,不断推进中国特色社会主义事业,实现中华民族伟大复兴的内在要求。面对波谲云诡的国际形势、复杂敏感的周边环境和艰巨繁重的改革发展稳定任务,我们必须始终保持高度警惕,增强驾驭风险本领,不断提高党把方向、谋大局、定政策、促改革的能力和定力,健全各方面风险防控机制,有效防范、抵御、应对、化解各种风险。党的十八大以来,以习近平同志为核心的党中央始终坚持底线思维,积极作为、未雨绸缪,见微知著、防微杜渐,下好先手棋、打好主动仗,成功应对重大挑战、抵御重大风险、克服重大阻力、解决重大矛盾,推动党和国家事业取得历史性成就、发生历史性变革。

底线思维具有丰富而深刻的科学内涵。底线思维具有系统性、整体性,着眼于整体目标和全局利益的实现。经济社会是一个复杂的系统,系统结构与功能的优化离不开对各种风险的规避与化解。我们坚持底线思维,防控各种风险,最重要的是防控有可能迟滞或中断中华民族伟大复兴进程的全局性、系统性风险。不仅要注意补齐短板、提升功能,而且要注意堵塞漏洞、防范风险；不仅要防范系统本身运行中的矛盾、问题和风险，而且要注意特定系统为实现自身稳定有序发展而与其他系统以及所处环境进行物质、能量、信息变换时出现的矛盾、问题与风险；不仅要认清国内形势，而且要把握国际形势，在与其他国家的交往合作中趋利避害、防控风险，更好发展自己。底线思维具有目的性、价值性，以实现和维护一定利益和价值为旨归。坚持和发展中国特色社会主义，建设社会主义现代化强国，实现中华民族伟大复兴，是我们坚持底线思维的总体价值目标。这一总体价值目标，是通过经济、政治、文化、社会、生态等多维价值来体现和实现的。坚决维护国家主权、安全、发展利益，坚决依靠人民创造历史伟业和美好生活，实现国家富强、民族振兴、人民幸福，是我们坚持底线思维，坚持和发展中国特色社会主义的最高价值取向。任何影响中国特色社会主义发展、影响中华民族伟大复兴中国梦实现的风险都要坚决防范化解。在这个问题上绝不能有丝毫动摇、犹豫和彷徨。底线思维具有预见性、前瞻性，着眼于防患未然、化危为机。凡事预则立，不预则废。只有预先看到前途和趋向，及时察知萌芽中的危险，事先做好计划准备，才能驾驭事物发展、影响历史走向，减少风险、化解危机。底线思维与战略思维一样，均具有未来导向。但在特定情境下人的认识能力是有限的，而客观事物是不断发展变化的，未来之事有许多是难以预知的，随时都可能出现偶然的、意外的事件。这就要求我们常存戒慎之心，绝不能盲目乐观。对于自己要实现的伟大目标要作深谋远虑的思考，以寻求长远发展和长治久安之策。

　　树立和运用底线思维，要学好党的理论。底线思维作为重

第七章 《中国革命战争的战略问题》的历史地位与当代价值

要思想方法、工作方法和领导方法，是以科学理论为基础的。要提高底线思维能力，就要深入学习马克思主义基本理论与方法，学懂、弄通、做实习近平新时代中国特色社会主义思想，用马克思主义中国化时代化的最新理论成果武装头脑、指导实践、推动工作。要增强大局意识。要以国家利益和人民利益为最高价值取向，把局部利益和全局利益、眼前利益和长远利益、具体利益和根本利益有机结合起来，明辨利害，慎重决策，合理选择，谋定后动。要常怀忧患之心。中华民族是历经磨难而又不屈不挠的伟大民族，忧患意识是中华民族绵延不息、发展壮大的重要基因。从"祸兮福之所倚，福兮祸之所伏"到"生于忧患，死于安乐"，再到"忧劳可以兴国，逸豫可以亡身"，"安而不忘危，存而不忘亡，治而不忘乱"，都是中华民族忧患意识的思想标识和鲜明体现。进入新时代，在政治、意识形态、经济、科技、社会、外部环境、党的建设等领域都存在着一些不确定不安全的因素。面对动荡不宁的世界，面对艰巨繁重的任务，我们要增强忧患意识，常观大势，常思大局，清醒地看到日趋激烈的国际竞争带来的严峻挑战，清醒地看到前进道路上的困难和风险，安不忘危，存不忘亡，治不忘乱，始终做到居安思危、深谋远虑、未雨绸缪，从容应对、及时化解风险与危机。要坚定战略意志。遇到风险挑战时要做到心中有数、处变不惊，既要充分利用既有的条件，又要充分发挥主观能动性创造条件，以争取最好的结果、赢得最大的胜利。要弘扬斗争精神。坚持底线思维，防范化解重大风险，需要有顽强的斗争精神。建设伟大工程，推进伟大事业，实现伟大梦想，必须进行具有许多新的历史特点的伟大斗争，坚决战胜一切在政治、经济、文化、社会等领域和自然界出现的困难和挑战。既要有防范风险的先手，也要有应对和化解风险挑战的高招；既要打好防范和抵御风险的有准备之战，也要打好化险为夷、转危为机的战略主动战。

恩格斯说："一个民族要想站在科学的最高峰，就一刻也不能没有理论思维。"[1]"但是理论思维无非是才能方面的一种生来就有的素质。这种才能需要发展和培养，而为了进行这种培养，除了学习以往的哲学，直到现在还没有别的办法"[2]。毛泽东的《中国革命战争的战略问题》，对于确立中国共产党领导中国革命战争的军事路线和战略战术，创立马克思主义中国化时代化第一个理论成果——毛泽东思想，指导中国革命战争的伟大实践，发挥了重要的作用。在中国特色社会主义新时代，在全面建设社会主义现代化国家的新征程上，重温《中国革命战争的战略问题》，学习贯穿其中的马克思主义的世界观和方法论，树立科学的思维方式和方法，对于不断推进马克思主义中国化时代化，不断开创中国特色社会主义事业发展的新局面，也具有重要的理论意义与实践价值。

---

[1] 《马克思恩格斯文集》第9卷，人民出版社2009年版，第437页。
[2] 《马克思恩格斯文集》第9卷，人民出版社2009年版，第435—436页。

策划编辑：张振明
责任编辑：段海宝　鲁　骥　戚万迁
封面设计：王欢欢

图书在版编目(CIP)数据

重读《中国革命战争的战略问题》/ 杨信礼著. -- 北京：
人民出版社，2025.1. -- ISBN 978－7－01－026858－3
Ⅰ.A841
中国国家版本馆 CIP 数据核字第 2024TN9157 号

重读《中国革命战争的战略问题》

CHONGDU ZHONGGUO GEMING ZHANZHENG DE ZHANLÜE WENTI

杨信礼　著

人 民 出 版 社 出版发行
(100706　北京市东城区隆福寺街99号)

北京新华印刷有限公司印刷　新华书店经销
2025年1月第1版　2025年1月北京第1次印刷
开本:880毫米×1230毫米 1/32　印张:6.375
字数:130千字

ISBN 978－7－01－026858－3　定价:36.00元

邮购地址　100706　北京市东城区隆福寺街99号
人民东方图书销售中心　电话 (010)65250042　65289539

版权所有·侵权必究
凡购买本社图书，如有印制质量问题，我社负责调换。
服务电话:(010)65250042